U0871612

[日]胜间和代／著
陈靖远／译

用经济学解读恋爱 悟出和恋人长久在一起的秘籍

恋爱经济学

外文出版社
FOREIGN LANGUAGES PRESS

图书在版编目（CIP）数据

恋爱经济学 /（日）胜间和代著；陈靖远译. —北京：外文出版社，2012
ISBN 978-7-119-08035-2

Ⅰ. ①恋… Ⅱ. ①胜… ②陈… Ⅲ. ①恋爱-通俗读物 Ⅳ. ①C913.1-49

中国版本图书馆 CIP 数据核字(2012)第 238404 号

RENAIKEIZAIGAKU by Kazuyo Katsuma
Illustrated by Mari Mitsui

Original Japanese edition published by FUSOSHA Publishing, Inc., Tokyo.

This Simplified Chinese language edition is published by arrangement with FUSOSHA Publishing, Inc, through ASIAN VALUE Corporation, TOKYO.

著作权合同登记图字：01-2012-7150

恋爱经济学

作　　者：（日）胜间和代
译　　者：陈靖远

责任编辑：王　蕊
封面设计：颜国森
印刷监制：吴绍辉
出版发行：外文出版社有限责任公司
地址：北京市西城区百万庄大街 24 号　　邮政编码：100037
网址：http://www.flp.com.cn
电话：008610－68320579（总编室）
008610－68995875（编辑部）
008610－68995852（发行部）
008610－68996183（投稿电话）
印刷：三河市华润印刷有限公司
经销：新华书店 / 外文书店
开本：1/32
印张：5.625
版次：2013 年 3 月第 1 版第 1 次印刷
书号：ISBN 978-7-119-08035-2
定价：26.00 元

目 录

第三章 恋爱与婚姻制度

第四章 受人欢迎经济学

第五章 为获得幸福的恋爱经济学

前 言

我写这本书，是从思考是否可以用自己最拿手的“经济学”来解读我最不擅长的“恋爱”这一问题开始着手的。唉，毫不夸张地说，我经历的爱情，简直是失败、失败、再失败的过程。我和自以为能天长地久的两个人两结、两离。也就是说加减为零，现在是单身一人。

我写这本书时，有人问和我一起在东京电视台出演嘉宾的加藤浩次和森永卓郎先生：“如果是和小林麻耶女士或胜间和代结婚，你选择哪一位？”两人都还没等听完问话，就异口同声地高声喊道：“小林麻耶女士！”“你想啊，胜间女士结了两次婚，两次不都失败了吗？这里面绝对存在某种原因，作为男人当然要躲着走啦。”加藤和森永先生这么一下定论，我一下子感觉自己像被抽空了一般。

为什么我害怕恋爱呢？这可以从人的两大能力方面来解读。

我们都具有的两大能力可称为“共鸣”与“系统化”。

前者表示一种能很好揣摩别人的和自己的心情，把握情绪，促进人与人之间沟通交流的能力。后者则表示一种能从宏观方面把握事物的本质，理解事物从输入端经过何种结构得到变换或转换，之后作为结果呈现在我们面前的一种能力。

这种共鸣与系统化能力之和，对大部分人都基本相同。这方面能力突出的人另一方面就会较差。通常我们会说："不会看地图的女人"、"不会听别人说话的男人"，说的是女人通常在共鸣能力方面较强，而男人则在系统化方面能力比较突出。谈恋爱时，这种共鸣能力必不可少，正因为这样，整体上看会谈恋爱的女人才比男人更多一些吧。

如果以这两种能力进行测定的话，我就是一个极其典型的在系统化方面能力很强，而在共鸣能力方面很弱的人。从小时候起，我在数学或物理考试中只要读一下题，感觉好像答案就写在那里一样。"输入→系统化→输出"这个思维模式就像公式一样扎实，感觉解题毫不费力；然而，揣摩别人心情的能力，我却相当缺乏。所以，我考注册会计师轻而易举，而在谈恋爱的考试中却屡屡落第总不见起色。

但是，就是这个"揣摸别人心情的能力"我现在也有了很大的进步。这是因为我运用系统化能力的长项，不断努力训练自己解读"恋爱"的结果。

这一成果的集大成之作就是这本《恋爱经济学》。我试图用系统化的能力对"谈恋爱理论"和"他人心情理论"进行完全彻底的解读，从而尽量克服自己不懂谈恋爱的毛病。

比如，系统化能力强的人不擅长从别人的面部表情读懂他在想什么。而用我的“读取面部表情试验”却能取得与常人不相上下的成效。这是因为我通过反复学习获取知识，记住了“当一个人的脸上出现A表情时，他(她)的心情是B”这种基本规律。

也就是说，这本书并不是由一个原本很会谈恋爱的人用天才般的方法写出来的，而是一个在恋爱方面笨手笨脚的人，通过观察身边恋人们的行为和分析统计数据，以及从自己的经验当中冷静解读是什么原因导致了失败、又是什么原因致使进展不顺，进而从另一个角度归纳出的一些爱情秘籍。同时，这本书讲述的也是我自己的恋爱史，是一个虽然不会谈恋爱，但非常喜欢谈恋爱的我，在经历了一次次失败之后不断尝试下一次怎样才能做得更好的恋爱史。因此，或许在共鸣能力很强的人看来，有些话会让他们感觉很不礼貌，也许会很惊讶。并且，由于这本书并非学术论文而只是随笔杂记，有些描述或许缺乏科学的严谨性也未可知。

2010年，经过了长达12年的不断摸索，我终于在“不会反弹的减肥法”方面获得了成功。自从我的第三个孩子出生，多年来我一直为自己身高只有158公分、体重却有58.6公斤轻度肥胖而烦恼，许多次减到54公斤左右之后又回到了原来的体重，到现在已经记不清读了多少本减肥书,实践过多少种减肥方法了。

而最终,经过了 10 年以上的时间,我终于明白了,获得成功的钥匙原来只有以下三点:

1. 改善膳食结构。不要控制总摄入热量,而要将过量摄取碳水化合物的膳食结构改为注重蛋白质均衡的饮食习惯。

2. 改善生活习惯。平常不坐出租车,不坐电梯和滚梯,彻底围绕步行走路组织每天的生活等等。

3. 改善评价指标。不以体重为指标,而以改善身体脂肪率和基础代谢为目标。

其实,如果我在恋爱方面再达人一些,关于“谈恋爱成功的钥匙”说不定也能总结出上面那样的三条。

虽然我距离那个目标修炼的功夫还远远不够,迈出的步伐也很小,但年复一年我似乎变得会谈恋爱了。从把对方过度理想化,缠着对方,乃至发展成为依赖症之类的幼稚恋爱观,正在一点一滴地向着能考虑对方的独立性、两个人都能自由舒畅地做自己的事情的一种相互依存关系的方向转变。

然而,恋爱也就是“特别喜欢某个人”,它在人的大脑里与依赖性药物的作用是完全一样的,是一种发烧症状。也正因为如此,恋爱才是人生中最幸福的瞬间之一。自己特别喜欢对方，并把对方当作不可替代的最重要的人，对方也特别喜欢自己，两个人互相亲吻拥抱，诉说对未来的憧憬，这个瞬间一定是所有人都在想“啊，活着真好！”的时刻。

问题是，那种“幸福至极的瞬间”最长也只能维持几个月。而那之后几乎所有的时间里，两个人都在追寻当时那个瞬间的梦，同时为了调整各自的心情和相互间的利害关系而疲于奔命。

但即便如此，我还是随时都想去爱一个人。我要好好把“恋爱”这种难得一遇的最珍贵的体验作为自己的财富珍藏下去。为了这个目的，就像一个人体会到成功减肥的秘诀一样，我要是能从市场经济学的角度，也就是从系统化方面来解读“恋爱”的秘密，加深对“恋爱”的理解，从而掌握一种能和相爱的人永葆幸福的方法，那该多好啊……愿这本书中丰富多彩的内容能对您的爱情生活有所帮助。

由于这本书谈论的是非常感性的“恋爱”问题，因此某些苛刻说法也许会让大家觉得刺耳，有的用词或许给人以粗暴的感觉。而这些充其量仅为我的个人意见，是作为一种事例提出来的，大家对我的某些极端言论可以认为“胜间又在说胡话”不予理睬。而我对此的想法是，我这么做，给大家留出选择和取舍的余地，还是很有必要的。

不管遇到怎样的失败，我们也要坚持一辈子恋爱下去，因为即便爱情苦涩哀痛，相比没有爱情的状态，它也能给我们的人生带来无尽的光辉和活着的意义！我想，当我们到达生命尽头之时，如果能感到“我这一辈子经历了很多的爱情，我很快乐”，那该多好！

那么，就让我们一起开始解读恋爱经济学吧！

第一章
恋爱与市场经济学的深层关系

为什么会存在恋爱这一环节？

首先，恋爱这件事说穿了就是为传宗接代而存在的。

话虽这么说，但一个人单单留下自己的子孙是不够的，在那之后，一家人要能过上好的生活才行。

衣食住行不成问题，生活还要有稳定的收入来源。我们称这种繁衍子孙并保证衣食住行的生活为“经济”。

恋爱也是经济。为什么呢？因为恋爱从原则上讲就是一种从零开始打造出一个最小经济单位的行为。

恋爱，就是将没有血缘关系的两个人用“爱情”联系在一起的一种手段。因为有了各种各样的恋情和爱情，人和人之间才有了关联，形成了家庭，也形成了社会。经济活动就是在这个过程当中产生的。

最近，因为社会上存在不孕等问题虽然有些难于启齿，但恋爱最根本的问题就是繁衍后代的问题，这一点无论如何都无法否定。

不管怎么说，生殖功能对于任何人来说都非常重要。

为什么说生育后代必须要恋爱呢？用生物学的研究来解释，就是“为了很好地将 DNA 进行混合”。

如果没有混合 DNA 的必要，直接进行单性繁殖（无性繁殖）就可以了。对于一个生物体来说，如果单单为了高效率繁衍子孙，恋爱这个过程或许真的是一种浪费。

在单性繁殖的情况下，相同的遗传基因会被复制，DNA 不会发生混合。由于无法进行配子选择，遗传基因会因此难以适应之后的环境变化。

而拥有不同遗传基因的男人和女人进行 XY 繁殖（有性繁殖），就能达到增强适应环境变化能力的目的。

进行有性繁殖时，我们会经常使用 serendipity（意外发现）等各种说法，简单说来，就是需要将偶然的相遇因素胡乱混合在一起。而彻底无序地混合 DNA 时，恋爱这一环节无论如何都不能没有。

其实动物也会恋爱。雌性动物并不是随便哪个雄性动物都可以跟的，它们会认真地进行筛选。

人类基本上也是一样，一见钟情就是其中典型的一类。

虽然不明白为什么会喜欢上某个人，但就是对那个人感觉超好，这种情形便是一见钟情了。

女人一生中可以使用的卵子数量是有限的，所以，与几乎能无限度地制造精子的男性相比，女人怎么都会显得比较挑剔的。这就是为什么相比之下女人会对恋爱比较慎重，至少对性行为比较慎重的理由。

当然，恋爱、结婚并不一定会生小孩。然而，即便如此，女性对于这种行为表现出来的审慎而又挑剔的态度，可以说那是人作为一个生物体的特点在发挥作用。

相比之下，男人留下自己后代的最简单的办法是“和更多的女性做爱”。因此，与女人相比，男人对于性行为的态度更加积极。

不过，做爱是需要“金钱”的。这里的“金钱”也可以说成是“能让老婆孩子吃饱饭的能力”。更远古时，它也曾被表述为“狩猎的能力”。

为了让子孙得以存活，就必须有能力将社会上的众多资源集中到自己身边，再将资源分配给周围的人。收集社会上众多资源的行为，换成现在的话就相当于“赚钱”之类的说法。

那么，男人究竟是为了留下更多的子孙才想去拼命挣钱，还是挣到了钱之后才让男人们想去结婚生子的呢？这两者之间，我赞成前者的说法。

在这种靠生殖行为进行人类基因混合的自然界程序中，我们每个人要怎样做才能让自己在这一行为中最有希望胜出呢？对于男人而言那就是要具有“经济实力”。

而女人的情形，特别是最近以来，她们必须变得“漂亮”才行。而要想变得漂亮，有些时候经济能力依然是必需的。

不管是男人还是女人，要想胜出就只有靠经济实力，所以谈恋爱也需要理解经济学原理。

或者说，弄懂了恋爱这件事之后，对经济学的理解就会大大加深。

通过谈恋爱，我们会慢慢明白这个地方为什么是这样一种结构，这里为什么会是这个样子等等。这样一来，我们就能理解原来恋爱和经济学这两个看上去风马牛不相及的事情，其实在许多方面有着千丝万缕的联系。

喜欢瘦削女人的男人终将被淘汰

基于生物学方面的理由，要想将 DNA 混合起来就必须谈恋爱。

为了这个目的，需要将两个完全不相干的人结合在一起。这个时候，恋爱机制中"灵感一闪"的作用就会变得非常重要。

有一个"越是与自己的遗传特征和气味不同的人，就越会产生好感"的实验，不知大家是否有过耳闻？女儿说："爸爸的味儿真难闻"，这在防止近亲乱伦这个意义上是非常合理的一种机制。

女儿说："爸爸你离我远点"，这是太正常的反应了。如果没有这种反应的话，相同的 DNA 就有交汇的危险。

在男人们的眼中，什么样的女性才是最理想的？这是经常讨论的一个话题。

也就是说，为什么男人心目中理想的女性，总比女人心目中的理想形象稍微偏胖一些？"过于消瘦的女人实际上不太受男人们青睐”，或“男人更喜欢顺产型稍微丰满一点的女人”说的就是这个意思。

猛一看像时装模特般的漂亮，造型美身材又好，和不用剖腹产就能干脆利落生孩子这两种说法，看人的角度是完全不同的。男人会选择的，虽然不能说就是普通的顺产型女人，不过在世人眼里也都是稍胖一些的。要问为什么脂肪需要多一些，那是为了不让生出来的孩子过于瘦小。

只是，再怎么说男人喜欢胖一点的，那也是普通体型的人，体重指数（BMI）在 20 或 22 左右。在电视上看着显瘦的人，据说 BMI 一般在 18 左右，比起她们来男人喜欢的会偏胖一些，但也到不了肥胖的程度。

再往深里说的话，一个已经在世上留下了足够多后代的男人，他选择能带出门的情人时，就用不着再考虑生孩子的风险问题了。

如果统计一下情人和普通家庭主妇的 BMI，也许就会发现情人的 BMI 值会低很多。即使不去特意统计，只要看看那些普通的银座小姐，就能知道她们的平均 BMI 值确实比一般人要低。我觉得，至少可以说明女人结了婚会发胖这条经验说法是正确的。

关于胸围和腰围，大家都说胸围相对腰围等于 10 比 7 是黄金比例。因此，如果胸围 90 的话，腰围应在 63 左右看上去比较匀称。

那么，为什么是 10 比 7 呢？因为如果太胖，皮下脂肪就会增多，肚子就会凸出来。那样，产道就会有很多赘肉，不利于生孩子。

要说为什么很多男人喜欢身体好、看上去容易生孩子的女人呢？那是因为过去有这样倾向的男人，他们的孩子更容易存活下来。

的确，有的男人更喜欢体型美的女人，这样的男人本来生孩子的欲望就相当弱。同时喜欢那些看上去能生很多孩子的女人的男人，相对来说留下众多子孙的概率会很高，因此可以由此推论喜欢瘦削女人的男人，将会随着时代的发展逐渐被淘汰。所以如今对于多数男人而言，稍胖一些的女人才是他们钟爱的类型。

事实上，恋爱这种机制本身，从某种意义上讲也是一种自然淘汰的过程。但这么说显得太不留情面，我也觉得没法理直气壮。

的确，说起这样的话题，难免会有人认为这是歧视性的言论。我在此声明绝对没有歧视那些不能生育的人的意思。我所说的，只是作为残存于人类身体当中的一种动物本能，会存在上面所说的那样一些倾向。

当然，无论是不结婚的生活方式，还是不要孩子的爱情，或像我这样选择单身母亲的生活，所有这些都是每个人自身的人生选择，我认为都需要得到绝对尊重。

当考虑如何让两个人的生活更加稳定，让自己更容易在生存竞争中胜出这一问题时，最有效的办法就是男女双方将各自的优势与对方进行互换。

这么做，虽然不是套用经济学家大卫·李嘉图的比较优势理论，但就其结果而言，自己的后代会更加容易存活，作为整体的功效将得到提升。

从比较优势这一点来看，男女之间或每个人之间，各自的功效都不一样。

也正因为这样，人们中间才出现了各式各样爱的形式，有所谓的如朋友般关系的婚姻，也有在正房之外有很多小老婆的情形，还有不去办理结婚登记的事实婚姻。

这些爱的不同形式，换成“爱情战略”这个称呼，我想也很贴切。

为留下优秀遗传基因的种种策略

前面，我们以恋爱与经济学之间的深层次关系为大前提，讲了这两者其实都是一种“战略”问题。两者之间根上不存在什么唯一的正确答案。我们每个人各自拥有的战略中到底哪个才是正确的，这只能通过事后的形式得知：没被淘汰、存活下来的就是正确的。

我们可以自由想象自己的恋爱应该是什么样子、什么形式。世上不计其数的恋爱小说和电视剧，都只不过是一种事例研究，并不能代表那些就是正确的。

为什么这么说呢？因为我们每个人拥有的“资源”情况完全不同。有的人身体非常彪悍，但长相稍欠火候；相反，有的人长相很帅，但身材不敢恭维。电视剧只是在不断变换各种各样的假设，然后做出一些个案分析。每个人拥有的资源和长项都各不相同。

因此，我们需要建立一个如何充分挖掘资源和特长的战略。

然而，由于恋爱中通常“感情”的成分占有很大比例，因此即便我们力图使战略达到最优，无论如何也会掺杂进感情的成分，有些情况下我们无法实现预期的目标。

这个时候，能在多大程度上将自己心中的感情部分（原始性的，动物性的）和战略性的部分（经济性的）划分清楚，就显得十分重要。

但因为是恋爱，感情不仅非常关键，而且是不可忽视的重要因素，所以如果只是为了经济方面划算而不顾及感情方面的因素而结了婚，也可能导致因思想负担过重而缩短阳寿的情况。本来结婚的目的是为了自己过得更好并繁衍后代，但如果本人早早归西，那就什么都无从谈起了。

为留下优秀遗传基因的种种方略，其实就是战略。

比如说动物，雄性会特别盛装打扮自己向异性示爱，孔雀之类的便是如此。那种做法如果换作是人的话，就相当于炫耀自己的财富和权力，从而吸引女性的注意。

手表和领带对于男性来说就相当于孔雀的羽毛。女人会偷偷地瞄几眼男人的手表，然后想“哦，这个是五万元的 xxx 吧”，“这是 200 万元的 xx 啊”之类的，浮想联翩。

从这个意义上讲，眼镜也有同样的作用。应邀出去吃饭，在决定去不去赴约时，女人们往往会悄悄瞄上一眼。

男人当中，有的人会以此为前提进行战略准备，有的人仿佛在手表上发现了属于自己的特质似的，将大部分薪水都用在购买名表上。男人之间互相吹嘘自己的手表如何如何，和雄孔雀们互相开屏比谁更漂亮实在没有什么两样。当然，结婚之后，男人就不太会去买表了。

然而，世上有像这样用钱能买得到的孔雀羽毛，当然就有用钱也买不到的东西，比如身高、长相、考试成绩等等就都是典型的例子。

堀江贵文先生一直在讲“其貌不扬的有钱人使唤帅哥当跟班”的故事，那正是一种典型的像孔雀开屏那样展示自我的行为。他们想用“这么帅的帅哥做我的跟班儿”让丑陋的自己看上去酷起来，实际上纯属无稽之谈。自己欠缺的东西用钱来弥补确实有这样的常识，但连长相都要用金钱来弥补的话，就不得不说是男人天性的悲哀了。

而相反的情况，有钱的富婆把帅哥圈于自己股掌之中的事情就不太常见。对有钱的富婆来说，和帅哥的所谓“恋爱”只是一种兴趣和娱乐，所以她们钓那些没钱的帅哥上钩不会太成问题。女人除了刚说的这种特殊情况之外，基本上只会在“自己能为对方留下多优秀的后代”方面展开攻势。

所谓恋爱的实用性，指的是女人如何将怀孕和生育能力这一稀缺资源分享给对方的意思。再说小孩不是生出来就完事了，在此后18年左右的时间里还需要人来照顾，因此女人的这个重要资源不可轻易用掉。

女人为了得到男性的青睐，当然最好是“凸凹凸”的体型和可爱的长相。所以，女人会总是在意自己的发型、化妆等外表，她们也会下意识地做些瘦身减肥之类的事情。因为一切的“凹凸”和可爱，都是展示自我的一部分。

要问男人为什么喜欢年轻女人？那是因为年轻女人的生育能力更强的缘故。从生物学角度来看，女人25岁之前就达到了巅峰状态；从社会学角度看，25岁到35岁之间是均衡性最好的一段时期。

从前，几乎所有人都20岁出头就生孩子。海螺太太（日本著名动画人物）已经生了儿子，据说她的角色年龄设定是24岁。

理论上，女孩从13～14岁月经初潮开始就能生孩子了，但一般身体发育成熟是在18岁左右，因此从生理学角度上讲，那段时期生孩子最容易。为了能让她们在这个最佳时间段里遇到最棒的男生，会让女孩们在成人仪式上穿漂亮的和服等等，社会上也会举办各种各样的仪式。

说起成人仪式就会想起相片，大家都知道“相片美人”和“真实美人”的区别吧。实际见面时，感觉还是真人漂亮的“真实美人”通常是身体健康的人。比如皮肤白皙，第一眼印象虽然不瘦，但感觉动作灵活、生机勃勃等等。

相片美人，是指那些相片上看着很好看但真人却并不活分的人，和她说话时通常给人留下的印象是：她要是作为给我生孩子的那个人会不会有问题呢？

稍微换一下话题，女人之所以比男人更擅长做家务，我想也许是因为女人的大脑结构适合同步完成多项任务。家务基本上就是多项任务同时进行。比如她会一边煮菜一边蒸饭，会让多种工作同时进行。估计很久以前也有很多不擅长做家务的女人，但由于没人做大家就会挨饿，或是不容易被男人看中等原因，因此最后都变成由女人来做家务了。

另一方面，选择男人的理由向来就是年收入。

不过，即使现在年收入水平还比较低，但只要能让人感觉到是有发展性的潜力股也有可能被选中。这种情况在“废柴男”中比较多见，他们做的是“我现在虽然还不行，但我有这样一个梦想，要不要试试抽我这根签”这种交易。

作为吸引异性的要素，帅哥的魅力虽然也不赖，但还是远不及美女来得威猛。经常有人问我这样一个问题：“穷帅哥和富丑男哪个更好？”据说几乎所有女人都会选择富丑男。

高富帅表面上看很不错，但这种男人因为不缺女朋友，所以他们没有什么结婚方面的需求。女人会自己找上门来，他们想让谁生孩子，什么时候都可以让她生。即使结了婚，也会有外遇或情人。

男人和女人感觉对方有价值的点是不同的，因此就像“美女与野兽”故事里说的那样，美女跟了其貌不扬的富丑男的情况也是有的。

恋爱的功效，结婚达到最大值之后便折减

所谓恋爱，用经济学术语来说，就是“自由竞争”。正因为其自由性，对于恋爱，无论加入或退出都没有什么特别限制。

正因为这样恋爱才是严酷的。由全社会参与的博览会性质的市场，比如成人仪式或从前的盂兰盆舞会等等，它们就是曾经的市场。

一般来说，被女人看中的男人，基本上还是那种能照顾孩子、能赚钱、不会去寻花问柳的人。

两个人由于某种机缘巧合互相喜欢上对方之后，在最初的半年左右时间里会持续一种“情人眼里出西施”的状态。在此期间，他们会恋爱，怀孕，两人周围的社会关系会逐渐稳固下来。

这就是婚姻制度。将所有的亲戚熟人都拉进这个圈子里来，让两个人的婚姻状态得以稳固，无法简单地中止

关系。

然而，纯粹的“喜欢对方”这一恋爱功效的本身会以惊人的速度不断折减。经济学家田中秀臣先生说：“恋爱的功效在结婚时达到顶峰，之后一直在不断折减”，这话真是一语中的，说穿了恋爱的本质。

恋爱的价值，在于当两个人还没有怎么好好思考时，昏昏然之间就做成了双结了对，让两个人约定相守一生。

恋爱时，人们不会过多考虑时间贴现率的问题，而会想“如果现在不结婚的话，就不知道什么时候才能结了”。

如果当时冷静思考一下结婚之后的负担是否划算，结果肯定是不划算的。

然而，结果对于个人来说即便不划算，但对于整个人类而言，可以为人类增添后代也算是件好事。

如果和一个很强的人结婚，那么对于弱的一方而言，结婚是极其有利的。

再者说，人类社会里其实强者和弱者都是相对的，可能一个人在某一方面是强者，而在另一种情境下有可能就会沦为弱者。

从这个意义上讲，结婚完全是两个人的同盟。其效果，正如同两个企业之间的结盟关系一样，可以起到一种互相取长补短的作用。

所以说夫妻是一个最小限度的机构组织。

我们经常说“一个人没饭吃，两个人吃得饱”，结婚从某种意义上就好比企业为了生存而并购其他企业，用这种概念去思考婚姻的意义或许比较容易理解。那么不如干脆说结婚就是一种并购行为。

特别是女人，与男人相比，她们的容颜折减速度更快，正因为如此，女人会更急于把自己嫁出去。

从功效函数看恋爱的得与失

事实上，男女之间的结婚功效如果大体上不相等的话是很危险的。

比如，在女方攀高枝之类的情况下，男人会占据压倒性的优势，妻子如果没能生出儿子的话，也许会立刻被告知“再见”而被轰出家门。

曾经有一位政治家因为说了“女人是生育的机器”而受到批判，然而攀高枝的女人有时就是会被视为“生育的机器”，所以需要特别小心。而且，我们也经常听到攀高枝的女人被婆婆欺负的传闻。

从男人的角度看，与其在上流社会中自己的遗传基因被死死限定，还不如找年轻健康、富有朝气的普通女人，那样更容易自然地喜欢上对方，但这么做有时会与另一个社会意义上的“家”所要求的功效发生矛盾。

如果所有人都持有相同的功效函数就没有问题，但丈夫、婆婆和自己的功效函数都各不相同，所以才会发生上面所说的麻烦事。

而且更可怕的是，这个功效函数随着时间的推移而在不断变化。

下面举一个简单的模拟现实中情况的例子。

最开始的功效函数是“恋爱功效”。但是，这个功效在结婚时就已经达到了最大值，那之后会一直衰减下去。

如果在那段时间里有了孩子，就会新生出一种男人“作为父亲”的功效而不是作为丈夫的功效。

即使没有小孩或许也会产生一种“亲情的功效”。就这样，我们必须及时完成在新旧功效之间的转换。

然而，因为老公们一成不变地对老婆要求“恋爱的功效”，所以多数情况下从孩子一降生，两口子就会变得不和。在幸福度的调查中，我们很容易了解到，大家的幸福度基本上都在这个时候开始下降。

不过，一度下降的幸福度，也可以通过调整自己，适应新情况，比如说“作为父亲”的功效等其他形式重新回升。男人作为父亲，如果能为家庭尽力的话，那么就会赢得妻子和孩子的感激与尊重。

究竟将自己的资源集中投放于什么地方，才能在将来得到回报的这种设计与计划，也许可以称为是一种战略。

我们可以说一个人如果能将恋爱的功效很好地转换为其他功效，那他就很有希望度过一个幸福的人生。

相反，如果一个人不能很好地完成“亲情功效”的转换，那么很遗憾，他有可能会走向离婚。就算没有离婚，如果丈夫永远是一副“唯我独尊”的模样，在家庭中也会受到孤立。

当然，一直保持恋爱功效不减的夫妇也不是没有，但我觉得，相对来说，他们更接近于“互相依存”的状态。两人的关系就好比相互间心灵创伤的齿轮在某些奇怪的地方咬合在了一起的感觉。

所以就会听到“他没有我是不行的”，“她没有我跟着是不行的”这类说法。仓田真由美女士的《爱上无赖男》这本书里就出现了很多类似这样的故事。

只是，实在不般配的恋情很容易失败，所以恋人们在市场竞争中需要相互发现对方正好适合自己的地方。

说到底，如果双方的功效函数不能很好地吻合就会不行。就好比说“他因为有那样的优点，所以这处缺点我可以忍受”，或“他在 A 方面值得我尊敬，所以在 B 方面，我还是会睁一只眼闭一只眼”，说的就是这个意思。

只是这其中存在一点问题。由于每个人的功效函数会随着环境和时间的变化发生改变，所以即便是一开始非常吻合的功效函数到后来也会发生错位。

据统计，男人婚后即使收入大幅度提高，离婚率也没有太大攀升，但如果女人的收入大幅度上涨的话，离婚的几率则会变得很高。如果女人年收入增长了 10 倍，就有可能离婚。这是因为对收入提高的女人而言，男人带来的经济性功效相对降低了。女人就会产生“没有他也无所谓”这样的想法，这的确挺可怕。

功效分为“正功效”和“负功效”。

只要其中的“正功效”不是胜出的状态，婚姻就无法持续。

就算男人有正常收入，但如果女人的收入变得比男人高，那意味着男人的收入相对降低。因此，男人“挣钱养家”的地位就会变得很微妙。

此时，如果男人积极做家务或照顾孩子，就会在家庭中找到自己另外的位置和功效，但多数男人都会因为奇怪的自尊心作怪而不去做这些事情。

这样的话，在一个家庭中就形成了一种“没有他也无所谓”的状态。

为什么恋爱快乐、婚姻沉重？

“恋爱”和“婚姻”之间有一个很高的门坎。

所谓恋爱，是“甄选”出能满足双方功效的最佳人选的行为。从生物学角度来解读，如果我和这个人在一起，好像可以生个不错的孩子；从社会学意义上来思考，就是自己将来是不是可以得到很好的照顾，能不能挣到钱等等这样的含义。如果觉得这个人还行的话，就会进入正式签约（结婚）的程序。结婚，用营销术语说就是“订立最终合同”。

而发生在结婚前一阶段的恋爱，其实就是正式签约前的试用期。

有人觉得外遇快乐，因为最后并不需要签约。所以外遇与出轨比较轻松。

通常情况下，外遇或出轨的人都是结了婚有了孩子，不论从生物学角度还是社会学角度都完成了自己任务的人。

大家有没有过这样的经历？去买东西时，当不知道该买什么东西时是最快乐的，而买完之后冷静观察买回来的东西时，往往觉得“其实这个挺一般的”。恋爱快乐结婚沉重，说的正是这么回事。

不过，结婚也是可以“退货”的。但是，为此需要办理繁琐的手续，所以事实上退货不成的情况也很常见。

知道了这样的现实情况之后，有的人就对结婚变得过于审慎，对对方的要求太理想或抱有太多的奢望，总也走不到正式签约的那一步。

比起眼下的这个人，会不会还有更好的呢？有这样的想法当然是个人的自由，而且在几十亿人中或许确实存在这种可能。当然，争夺那些更优秀人的竞争对手也会非常多，其中当然也会有很多比自己条件更好的人。

有一句话叫做“互利互益”。只有自己受益的恋爱或只有自己受益的婚姻才会持久，因为如果给予对方的益处过少，对方便会找到很多比维持婚姻功效更高的替代解决方案。

这么说，没能结婚的女人就是因为她们从来没有谈过恋爱吗？我想事实并非如此，很多人只是无法决定应该从哪方面入手。

在那些经常谈恋爱却没能结婚的人当中，令人不可思议的是竟然有不少漂亮的人。我想，那些没能结婚的女人大概都是在某个时刻选择了放手，而之后又不知道该从哪里入手吧。

但是，当老想着自己是不是还能找到更好一点的人而一再推迟决定时，人便会出现伴随年龄增长的劣化问题。这就发展成市场用语中的“商品贬值而无法卖出”的情况了。

这样一来，再想轻轻松松地挽救就不可能了。

离婚率的高峰出现在婚后第四个年头

男人也好女人也好，大家都在为结婚这个正式合同进行着恋爱这一营销活动。恋爱中的男女都在同时进行着生物学意义上与社会学意义上的搜索活动。

不论一个秃子、矮子或胖子再怎么有钱，有些人还是想尽量避开。与此相反，也有人认为只要有钱，相貌就可以忽略不计。

这里的观点之分，完全取决于一个人追求什么样的功效或什么样的战略问题。

只是，有的人在恋爱阶段心里所想的是一种标准，并随之结了婚，而此后自己心目中的功效标准却发生了改变。

这种情况会产生很多压力，最终结果要么导致离婚，要么老婆去女性俱乐部释放情绪，这就是所谓的“假面夫妻”状态。

对一个创业公司的帅哥老板来说，和女模特、女演员结婚这个模式好像真的无法长久，那是由于相互之间的利益在某个地方没有吻合的缘故。结婚后，创业公司的帅哥老板希望对方能理解自己的工作并担负起家庭的担子，然而女方有时却希望丈夫是个能无论何时都把自己当作一个女人来夸许和宠爱的人。如果双方在这样不明朗的状态下有了孩子，问题的焦点就会转向孩子一边，从而使双方不再坚持自己当初对对方的要求，但如果这一转向没有成功，婚姻就无法维持长久。

据统计数据说，无论世界上的哪个国家，婚后第四年左右是离婚最高发的时期。在这一时期里，会出现想要孩子却没要成的情况，如果不是不孕不育，那就是男女双方中的某一方并不希望要孩子。这时，如果双方之间没有相当强的相互依存关系的话，离婚通常就是不可避免的。

我想，完成结婚这一“最终合同”时，很多人会因恋情而使自己的思考能力处于停滞状态，在没有认真思考的情况下签下了正式合同。并且，当思维停滞的状态仍在持续时生下了小孩，两人开始商量“有了孩子情况不一样了，我们重新研究一下相互间的合同吧”，这样两人的婚姻也许会因此而进入下一个阶段。但如果情况不是这样的话，事情就变成了“不履行合同”，不少人会因此而分手。

恋爱有概率方面的因素

恋爱时常是包含一种赌博性质，或是概率论性质的因素。因为作为人类整体上的成功总要优先于个体上的成功，所以不需要每个人都达到最优化的状态。

自然界特意要把包括 DNA 在内的物质混合在一起，所以还是保持适当的不均匀性和多样性为好。

如不这样，社会就会在很大程度上被固化。不断增加尽可能多种多样的子孙，即使环境发生了改变，其中的某个人能存活的几率也会增大。

所以，有人说“长相和财力都无所谓，只要脑子好就行”，另外一些人说“只要是帅哥穷点也没关系”，每个人都有着各不相同的战略是件好事。因为目的只是在于尽可能地混杂，所以怎么做都是对的。如不这样，世界上就只会剩下帅哥和富人，人类整体上的多样性就会消失。多样性具体作用在每个人身上会形成怎样的影响，也就是说我们每个人追求的功效都是五花八门，这种结果意义重大。

反过来说，为了恋爱结婚，我们需要对人类整体方面的大趋势和个体战略方面的多样性有所了解。我常常告诫那些正在找对象的人：只为了金钱也不是不可以，但要知道除此之外还有很多其他的战略，所以必须在自己的头脑中描绘出更多各种各样的坐标系才行。要是自己有钱的话，就不需要对方也有钱，不就是这样一个问题吗？所以我会认为还是能育儿的男人比较好。

波利尼西亚有一种堂亲之间交叉结婚的婚姻习俗。如果是女孩，只能遵守和父亲一方姑姑的儿子结婚这种单方向通行的规定。

这里面虽然也有交换经济学的意义，但我认为在狭小的岛屿范围内，为了尽量混合 DNA，他们采取的或许是一个效率最高的方法。在韩国，直到 1997 年都一直存在着两个姓氏相同的人不允许结婚的制度。

在还没有什么交通工具，人们都生活在一个狭小圈子里的年代，为了尽量混合 DNA，交叉堂亲结婚这样的制度是必需的。但是，现在有了飞机、汽车、电车等交通工具，人们不需要遵守古老的风俗也可以达到混合 DNA 的目的了。

然而，社会上却总是有人将保持传统习惯本身当作目的，形成了想要保卫它和打破它的两种势力的对立。看看桥田的电视剧和流行的韩国电视剧，所反映的问题基本上都可以在这个价值体系中得到说明。

婚姻制度与少子化

放眼世界，可以发现在发达国家里，未婚人士的孩子数量正在以惊人的速度增加。

比如法国就是一个典型，它的出发点是“丈夫不管养孩子，可以从国家那里拿钱来养，所以就这样吧！”或是“我自己可以赚钱，所以没关系”这种想法。

有的国家会照顾孩子到二十岁，所以男人会想“又不需要自己照顾，让她生个孩子也不错。”从国家角度而言，事情就是“只要出生的是法国孩子就 OK 了”。这样，法国就摆脱了少子化的困扰，人口得到了复苏。

相反，在俄罗斯和希腊，少子化的问题正在日趋严重。可能是因为他们那里还残留着古老风俗之类的东西。特别是为什么在据称性爱次数最多的希腊，少子化的问题会变得如此严重还没有一个明确的答案。

日本的情况是，政策上的失败使经济陷入低迷，没有了能让男人一辈子养活女人的资源。特别是受长期通货紧缩的影响，失业和雇佣关系的非正规化日趋严重，导致年轻男人的经济能力显著下降。

正因为这种状况，女人想要结婚的话，自己挣钱就是最快捷的方法。这样，挑选对象时就可以不再顾及男人经济方面的能力。男人也要容忍“家庭主夫”之类的生活方式存在。

男女共同参与社会的原理，就是双方相互包容上面所说的不同生活方式，这是非常简单易懂的道理。

然而，现实中的状况是，男人和女人的理解并不一致。简单来说，为了 DNA 的混合，应该创造出一个适合恋爱的环境，而要想不受经济不景气因素的影响创造这样一种环境，那就必须要有男女共同参与社会的机制。

恋爱市场是一个“柠檬市场”

近年来，类似婚姻介绍行业或牵线搭桥之类的商业活动越来越红火，因为人们晚婚的现象越来越普遍，抗衰老疗法之类的东西也越来越流行。将一瓶透明质酸以数万日元的价格注射到体内的生意也可以做成。

然而，由于男女之间互相缺乏理解的关系，利用牵线搭桥行业的人有时会被人投以指责的目光。这是一种被旧的两性观念所束缚、无法对利用这项服务的人作出正确评价的现象。

这和经济学中的“柠檬市场”问题是一样的。柠檬，在英文俚语里是指“二手车”的意思。

柠檬市场的理论，说的是在人们的头脑中会有这样一种推断，认为“一部车作为二手车在市场上流通交易，肯定存在什么缺陷”，所以一部状态好的二手车的价格也会与一台最差的二手车相差无几。

将这个理论应用到恋爱市场中去，就是在人们的头脑中会有这样一种推论，认为“大龄却还没有结婚的人，肯定有什么不行的理由”。于是，他们便越来越不受人欢迎。因此，40 多岁的离异男人和未婚男人相比，离异男人绝对更受欢迎。

女人的情况我想也一样。35 岁或 40 岁的离异女人和未婚女人相比，哪一类会更容易被异性看好呢？这个岁数仍然未婚的话，很容易被别人看成是存在什么问题才一直独身。

婚姻介绍行业中最具有代表性的要数网络上的相遇了。然而,即便是网络也稍具危险性,因为网络上的恋爱市场基本上是柠檬市场。自己即便不是柠檬,但进入了这个市场之后就会真的变成柠檬。

但是,假如一个人是在自己的或在熟人介绍的圈子内,“这个人并不是柠檬”的推断也是起一定作用的。在网络上,两个真正毫无关系的人很有可能只通过数据相互间的联系而在一起,两个人之间存在的问题就是,除了这些数据,无法得到有关对方情况的确凿证据。

现在也有这样的人,他们除了在网络上寻找之外,没有与人相遇相知的其他机会。对于他们来说,重要的是调整好心态,即使相遇后失败了,也能复原如初,积极利用网络资源重新开始。

从前的传统制度中,关键的一点在于固定两个结为夫妇的人的关系,使他们无法轻易从这种关系中全身而退。但是,从今往后,还是让退出变得容易一些为好。

社会上对跳槽的印象与从前相比已经有了很大改变。从前人们对跳槽的人有一种“那是没有长性的人干的事”这样一种不好的印象。而现在,人们会以一种更加积极的眼光去理解这件事情。离婚也不例外,虽然现在围绕离婚还存在不少的负面认识,但我认为,总有一天在人们的心目中离婚也会变得和跳槽一样被人理解。

我在泡沫经济时期曾就职于一家外资企业，那时我曾经被公认为是一个“不能去日系企业的可怜之人”。第一次跳槽时也被大家想成是一个“不能长期坚持做一项工作的人”。从前被否定的事情，现在有很多都得到了肯定。

与从前相比，在日本离婚夫妇也增多了。日本年轻人中也增加到了三对中有一对或四对中有一对离婚的情况。与之前相比，和别人说“我离婚了”，大家也不再表现出惊讶的神色了。

在我非常狭小的熟人圈子中，有离婚经历的人已经超过了半数。相反，与初婚的人过了十几年日子的人则变为少数派。

恋爱与经济，目的都是为了大家能成为最幸福的人

恋爱和经济都是同样的社会活动。而我们根据观察的侧重面的不同，有时称为恋爱，另一些时候则称为经济。

当我们把“人类将采用怎样的方法将自己的子孙延续下去”这个命题作为战略进行研究时，那就是恋爱问题。反过来，当每个人都在思考如何将自己的功效最大化时，从由此产生的“战略与战略的碰撞”这一角度来看，这又可以称为经济问题。

谈恋爱这件事情本身，其实就是功效的最大化。为了

使个人之间战略相撞的结果形成社会整体的最优化配置，我们每个人是否早就被大自然的程序这样安排好了，没有人知道。不过，无论我们有意识与否，恋爱使社会整体的功效最大化这一点应该毋庸置疑。

不论是恋爱还是经济，两者都是了不得的“自由竞争市场”。不过，对这一点的公众认知度我认为还是不够的。

也可以这么说，人们表面上能看到的虽然是恋爱活动，但在它背后运转的却是经济逻辑（市场原理）。正因为市场原理在起作用，所以“相对优势”和“柠檬市场”之类的概念才能原封不动地加以套用。

人们为了实现自己的功效最大化而进行各种活动，经济学就是通过对人们的各种活动进行量化分析，尽可能实现社会资源配置最优化的一门学问。换句话说，经济学也可以说是一门思考怎样对有限资源进行分配，才能让大家都达到最幸福状态的学问。

同样，恋爱时我们都会在下意识中进行这样的思考：我们应当将自己宝贵的资源分配给什么人，分配他们多少才能让自己成为最幸福的人？我们都是按照这种思维采取行动。

不论是经济还是恋爱，它们的原理都完全一样。

帅哥虽好，但会带孩子的男人更好

白河桃子女士写过一本书叫《能成为富人妻子的人和不能成为富人妻子的人》。如果有人真的想成为富人的老婆，我觉得读了一定有好处。

事实上，富人的老婆并不像世人所说的那样轻松。能当富人妻子的人需要在丈夫地位还很低时开始鼓励并支持他，丈夫真正发达时，需要尽全部所能做一个贤内助，不然就会发生丈夫有外遇或自己被赶出家门之类的麻烦事。

我读完这本书后，说实话感觉与其当富人老婆，还不如去公司上班轻松。

然而，甭说不准备当富人老婆，如今不找对象的人也越来越多了，特别是年轻人要是根本不去谈恋爱，就意味着他们在自然淘汰中已经认输，我还是希望他们能振作起来加把劲儿。

由于通货紧缩和经济不景气的影响，男人必须要向女人展示自己如同孔雀羽毛般的“发展潜力”或“经济能力”，而这两样东西现在都无法得到。因此，如果只是墨守陈规，就没办法去规划新的爱情。

女人的情况与此截然不同，不管景气如何只要自己努力，她们就能变“美”，但男人手中却没有能响应女方期待的东西，因此双方总是无法合拍。

从前，男女比例相互匹配，但如今变得对不上了，其中的理由是女人追求的年收入 600 万日元的男人只占结婚适龄期男人的 4%。就是说有 96%的男人达不到女人要求的水准。

所以，我总在苦口婆心地说，女人如果要求过高那就一辈子都别想结婚。

我给大家推荐的战略，是“自己赚钱，找一个差不多的男人就出手”这个非常现实的方案。帅哥虽好，但能带孩子的男人更好，能带孩子还不搞外遇的男人更是再好不过了，就是这个意思。

当然，这只是一种解答。我想，各位读者当中想必也有很多想走“胜间”式生活道路的人吧。

恋爱是一个宏大的主题

国家的制度和经济政策最终会对恋爱市场产生巨大的影响。反过来说，恋爱市场的变化有时也会影响到国家政策的制定。

照理说，恋爱战略与经济战略的目的是为了能让自己和子孙后代过得比现在更幸福。这个子孙后代中包括与自己有血缘关系的人，也包括自己所居住的地区和国家的子孙后代。再说得大一些,也包括人类的子孙后代和地球的子孙后代。

恋爱,其实是一个非常广大的主题。

但是,因为人们要求恋爱中要保持一种奇怪的不合理的平等,所以才会出现许多奇奇怪怪的事情。我认为大家都应当认识到恋爱是一个自由市场。

特别是日本的情况,为了使恋爱市场更加有效地运行,我认为应当对现有的一部分规则作出修改。我是说,为了适应环境的变化,阻碍发展的东西就需要把它们抛弃。

的确,即使保持现有的法律体系不变也可以离婚,但实际上,整个社会已经把离婚的成本抬得非常高了。如果进一步降低离婚成本的话,大家就能随时从头再来,也容易接受结婚带来的风险。那样的话,日本也许能很快恢复原有的活力。

欧洲经过了衰退期,现在重新恢复了活力,就是因为作出了这样的决定,不是吗?基督教式的价值观虽好,但现在的问题是少子化,所以不让离婚变得更容易是不行的,要么就认可单亲母亲好了。我认为正是这个决定才使欧洲走上了复兴之路。

拿现在日本的例子来说,“女人离婚后 180 天内不得再婚”这样的规定应该废止,名字也应该可以自由选择,男女同姓或各姓各的姓,并且孩子问题也应当改革,尽量变为一种用全社会力量抚养孩子的体制。

家长对孩子入托的过度需求之所以如此长久地被搁置而得不到满足，完全是因为市场机制没有发挥作用的结果。

所以，还是要赶快实现托幼一体化，让托儿保育业实现自由化。孩子到高中为止全免学费当然要做到，公立大学也应当到本科毕业为止基本免学费。

上面这些都是在欧洲的部分成熟国家里尝试过的事情。就案例分析来说，目前还没有找到除此之外的其他答案。如果说这是现阶段的最佳方案的话，我觉得我们就应该放手去学，去模仿人家的好做法就 OK 了。

现在日本的竞争力大幅度滑坡，我认为是由于日本人在整体商业模型方面某个地方出现了问题。

不是说日本人本身有问题，问题出在构造上。奇怪的产业政策和奇怪的规则过多，制定没有数据支撑的经济政策也不会被问责的体制等等。凡此种种都是问题所在。

当下的日本，不只是在恋爱方面，在整个社会层面上对于新选手进场、老选手退出等机制方面都存在运行不畅、新陈代谢弱的问题。应当降低限制退出的门槛，使想要退出的人能轻松而退，想要新进加入进来的人更容易进来。

为了促进日本的“新陈代谢”，让这个国家再次充满活力，应当降低结婚和离婚的门槛，加大“自由化”的力度才是正确的方向。

我们需要变得更加成熟才行。

第二章

恋爱与社会的结构与机制

“得种婚”越来越多

女人向男人要求的东西有：金钱、生儿育女的种子——精子，为避开种种危险所需的保护与庇护，还有就是在家务事和养育子女方面的领导力以及帮助与合作。

那么，男人对女人都有哪些要求呢？除了有作为恋人属性特有的保持美丽漂亮，细心、善解人意，会赞扬自己、会做好吃的饭菜等等之外，还有就是给自己生孩子、做家务和带孩子。

比较一下男女双方希望对方为自己做的事情，就会发现，实际上男人要求的难度有些大。

为什么这么说呢？因为女人只要从男人那里得到了种子——精子，孩子可以自己生，剩下的所有工作都可以不用老公而从社会上的外包服务中获取到。

说极端一点，如果女人打算自己一个人养育孩子的话，男人则可以随意自己挑选。

相比之下，男人自己无法生孩子，他需要找到一个愿意给自己生孩子的女人，说服她、央求她来完成这件事情。

这不仅仅是只在人类社会中才发生的事情。对速度赛马的马匹来说道理是一样的。

我这样把人和赌马相提并论，可能又会招来不少板砖，但在马儿们的世界里,公马能成为种马的几率的确仅有1%左右。反过来说,母马即便从未上过场,也能成为繁殖马。

人类的情况是,女人希望男人给予的不单单是精子,还有孩子出生后大约18年间养育他(她)们的经济实力以及体贴与柔情,所以说门槛还是相当高的。

要求"漂亮"的意思,并不是说女人要做到像时装模特那样在审美方面的漂亮程度,男人们希望的其实只是健康人的水平。而一个健康女人基本上就是漂亮的,所以对女人来说门槛并没有多高。

男人要求女人的东西,很多基本上都可以在有指标的绝对评价体系中找到解决办法,只要本人努力就怎么都有达标的可能。根据不同的情况,全世界所有的女人都有可能变得"漂亮"。

反过来,女人要求男人的东西,基本上多数都存在于没有指标的相对评价体系之中,并且还附加有必须在该体系中位居前列的条件。

要满足女方的要求,男人就必须下决心担负起沉重的经济负担。由于这个原因,在现实中的不结婚率统计中,男性所占的比例要远远高于女性。

当然,也有的人经济上富有并不想结婚,而是选择单身生活。然而,大多数人都是想结婚,可没人看中自己,所以尚未婚配,这种情况比比皆是,屡见不鲜。

换句话说,男人如果不能在相当严酷的淘汰赛中胜出的话，就无法得到女人的赏识。男人在竞争意识方面无论如何都强于女人，以及他们总是一门心思想着怎样才能出人头地，都是因为这条理由在起作用。

反过来说，要想降低不结婚率，理解了上面所说的原理就能很容易地推导出解决问题的办法。那就是女人用自己的力量获得经济实力就 OK 了。

事实上，最近一段时间以来，“得种婚”的现象越来越常见了。我称呼“孩子出生后一岁左右时两人就办离婚的一类婚姻”为“得种婚”，这类婚姻在赚钱多的女艺人之类的行业里司空见惯。我认识的人里就有好几个是这样的。

也有这样一类人，她们只是为了得到精子，既不加入男人的户口簿也不走结婚程序。几乎延续着类似平安朝时代的“走婚”状态。

过去曾经有过一种源于性差异的男女角色分工；而现在，女人变得可以同时兼任男人的角色了。如今的女人，虽然并没有完全取代男人，但她们与从前相比，可能男性的成分变强了，而女性的味道就相对减弱了。

男人们的“父性”也随着这种趋势正在逐渐弱化。现在，源于性差异的男女角色分工也正通过各种各样的形式发生着变化。

但是，面对这样的现实情况，人们的思想认识却没有多大改变。所以男女双方的利害关系无法取得一致，使不结婚率异乎寻常地高涨了起来。

不可求的目标——苗条巨乳身材

女人希望嫁给年收入600万日元的男朋友，这完全是一种基于过去男女角色分工的传统思维方式。

我总在重复这样的意思，在如今通货紧缩经济不景气的社会条件下，年收入600万日元的单身男子在统计数字上只有4%。要找到一个年收入高、脾气好、没有家暴倾向的男人，比登天还难。这简直是一场女人之间的生存竞争。女性杂志以这种生存竞争作为前提，可以说尽是刊载一些如何才能吸引男人眼球的内容。所以才会有“怎样才能让男人相中自己”这样连篇累牍的报道文章。

相反，虽然男性杂志上也会登有“怎样才能更有女人缘”之类的内容，但相对来说其中心内容还是“怎样才能成为有钱人”。

所以，男人才会戴名牌手表、高级领带、穿高级西服，用这些手段向女人发出“咱是有经济实力的，快跟我走！”之类的信号。

女人呢，与其拥有一张漂亮的脸蛋，身材姣好更重要。因为有一副好身材发出的是“我能为你生健康的孩子”这种信息。

男人所持观点：女人追求美丽，健康之美要优先于艺术之美。

但是,女人却希望追求艺术性的美。

很久以来,大家都在奇怪“为什么女人要比男人希望的还要瘦”,这个问题的答案就在这里。

特别是上电视的人当中,从艺术审美角度上看美丽的人有很多。的确,当电视画面还在4比3的模拟信号的年代时,不保持相当瘦削的身材看上去会显胖。

然而,现在是16比9的数字电视时代,看上去比例会更真实,所以用不着像从前那样很瘦才行。

过度减肥,脂肪会随之减少。那么,人为什么需要脂肪呢?因为人活着有时会遇到一些意想不到的麻烦,比如孕妇在遇到饥荒之类时,脂肪可以给腹中的胎儿提供养分,在哺乳期时,脂肪也可以分泌出母乳。

最近,我从认识的一个大夫那里听到了这么一种说法,说“有肌肉的人就成不了人们常说的那种‘巨乳型’”。乳房基本上是由脂肪组成的,所以乳房大的人意味着要是不胖到还差一丁点就达到肥胖症,那就不正常了。

好莱坞明星们控制自己的体重保持在肥胖线的边缘,就是这个道理。

脂肪减少,乳房也会变小,这从人的身体结构上讲是避免不了的。因此,局部减肥从理论上讲不可能做到。

所以,当我见到一个人很瘦但文胸却是E号时,就会觉得很不正常。

男女双方的功效函数

下面我们来思考一下当男人和女人追求对方某种品质时，它们的功效函数是怎样的。当然，功效函数因人而异。

男人当中有人觉得女人艺术般的美丽是第一位的，这不足为怪。有人说女人能做得一手好菜最重要，也有的人认为女人拥有温柔的性格最关键，在这个过程当中“套利交易”起作用之后，所谓的恋爱就开始了。

“我求你的东西”和“你求我的东西”两者自由组合，因此男的做所谓的“主夫”，女的则在外挣钱，这样的情形也未尝不可。

只要双方的需求严瓷合缝正合适，那自然就很OK了。

因为研究“婚活”而出名的中央大学教授山田昌弘先生在进行一项有关“家庭主夫的研究”。听山田教授讲解时，我感觉其中的“成为家庭主夫的典型条件”部分很有意思。

山田教授列出的条件有两个，第一条必须是英俊的帅男。第二条，性格温柔必须会做家务会带孩子。有那种“家暴倾向”什么的，是绝对不允许的。

“主夫”们即使对老婆说“我想出去工作”，通常都会被阻止。呆着时都那么帅又温柔，要是到外面去工作更会招蜂引蝶，那样老婆可就不好办了。

老婆的想法是想要把“主夫”圈在家里，老老实实地呆着。如果从男女完全颠倒的角度去理解这种情况，就不会感到有什么不自然的地方。

顺带说一句，“主夫”的职业大多是艺术家，很多音乐家就是这样。这种情况通常是女的疯狂追星般地追求男的，喜欢、崇拜得不得了以致寸步不离他的左右，后来就有了孩子。之后自然而然就形成了老婆养活老公的状态。

也有“主夫”不是艺术家的，他们通常在当地担任民间节庆活动组织者的角色，平日里做一些拿日工资的临时性工作。他们在与节庆有关的活动中大多是名人，手下指挥着好几百号人，但说到生活费，典型的例子是老婆在外资企业里做白领挣出这笔费用，孩子则由白天打零工的老公来照看。

这就是两个人相互之间利害关系取得一致、婚姻生活得以圆满进行的例子。而成为“主夫”的人有的不但很健康，而且在体格方面也格外健硕帅气。

然而，有的男人却格外唯我独尊，比如有很多这样的人，他们的想法是“女人只不过是一种摆设而已”，也就是通常所说的“花瓶妻子”。

我听到过这样一件事，有个女医生说自己当医生，是因为当初交往的男朋友对她说:“做我老婆的人不是医生我接受不了。”要问那个男人的理想是什么？就是有一份好工作,一份好薪水,吃的是美味,有个聪明又漂亮的老婆,所以就命令当时作为女朋友的她必须当医生。好在这个女的后来意识到了那个男人的危险性,中途退了出来,平平安安地和另外一个男人结了婚。

有些男人对女人的要求,虽说到不了自己附属品的地步,但也只是把女人看作是打点自己的装饰物之一。女人对此如果没有什么异议的话那没有问题,但如果没有想明白没有说服自己的话,在之后的日子里就会出大问题。《超级魔鬼经济学》这本书,介绍了一篇关于“高级妓女的功效是兼职花瓶妻子”的微观经济学论文。为什么那种市场面向男人的会比较多呢？理由还是男人更有经济实力。

相反,有经济实力的女人常去的女性俱乐部,则是兼职花瓶丈夫的商业模型。“生活中的老公长得虽然丑陋,但去参加女性俱乐部的话就有帅哥哄我开心”,这就是该模型对女人的功效。

每个人的战略让整个人类繁荣

恋爱时“恋爱的功效”在起作用没问题,但结婚之后如果没有“套利交易”维持两人之间长期持续有效的功效,婚姻是不能持久的。

如果把恋爱看作是“短期功效”的话，那么婚姻就是“长期功效”。

所以，两个人互相提供给对方的功效，必须对对方来说有价值，同时这种价值必须长期持续有效。

恋爱是短期功效，突然到来也能马上稳定下来。

但是，我自己的情况却很遗憾，好像我没有什么想要的东西，当时完全没有稳定下来的感觉。对我来说恋爱和婚姻都不存在无价的功效，到头来可能都用钱来衡量。

说到婚姻，要么尽自己所能对对方好，要么给钱，反正必须做些实事，因此对于婚姻重要的是，要看自己的投资是否和得到的回报相匹配。

只是怎么看待回报的功效是一件仁者见仁、智者见智的事情。必须充分了解自己有哪些长项和弱项，对于能弥补自己短板的人实施投资行动。

在恋爱市场上，每个个体的战略与战略之间发生碰撞，并得到优化，那么最终的结果是全人类沿着繁衍、繁荣这个目标不断向前发展。

说起生殖这个话题时，有人就会问，那由于身体方面的原因不能生孩子的男人和女人会怎么样呢？我想对他们而言，有无数替代方法可以让他们为社会做出贡献。

比如，最简单的办法是可以收养孩子。

还有，即便不收养孩子，他们只要正常纳税，在社会中进行日常性的生产生活活动，那么结果就会为人类的繁荣做出自己的贡献。

虽然不是照搬 SIX DEGREE（六度分割理论一这种假说认为一个人通过自己认识的六个人就能结识全世界的人）的理论，但一个人只要普普通通地在一个社会里生活，其效果就和间接养育后代是一样的。

一个社会，整体上是在繁衍优秀的后代，让自己的社区文化传承下去的机制中运行的。

由于某种原因不能生育的人，可以用其他方式承担社会责任，你可以理解为整个社会就是这样设计好的。

我始终认为，孩子是不是自己亲生的并不重要，在这个问题上纠结，有狭隘的想法，都没有意义。

为什么女人不出轨？

男人和女人最大的不同就是精子和卵子数量上的不同。

据说女人一生当中可以使用的卵子数量大约有 400 个，而男人一生中制造出的精子，据说在一万亿到两万亿个之间。

相比之下，女人的卵子要珍贵得多，所以女人在恋爱方面会变得挑挑拣拣。男人则完全相反，他们基本上属于风险投资那样的到处播种型。

恋爱进展不下去的原因很多都是由于男方见异思迁，对女朋友不忠。反过来，结了婚的女人很少有外遇，这里也是一个卵子稀缺性的问题。

女人脚踩两只船的传言人们绝少听到，那也是因为男人可以同时让多名女性怀孕，但女人一次怀孕只需要一个男人的精子就足够了。

不过，女人当中当然也会有人红杏出墙。然而，相对而言，女人出轨的原因精神方面的理由要多于生物学方面的，比如老公不够爱自己到外面去寻找爱情等等。

男人固守的等级观念

很多人都说女人一般不会看地图，男人则不会听女人说话。然而，随着形形色色研究的开展，人们了解到事情的真相其实还要更复杂。

严格说来，说女人看不懂地图是不正确的。

相对来说，女人比男人在感知语言和与他人沟通交流的能力方面要胜出一筹。

只不过，要是说向北 30 米，或向南 500 米，女人对这样的说法没法想得很明白。要是换成另一种说法，说在某个地方见到某座铜像后沿着铜像向右拐，或以什么什么为目标在某某地方向左，这样表达的话女人就很容易理解。

有这么一个没有经过证实的假说，认为男人身体中残留着远古时期外出狩猎的记忆，才擅长于把握绝对性的位置关系，而女人擅长于社区中的沟通交流，在把握相对性的位置关系方面比较优秀。

作为应用这种假说的例子，让我们来思考这样的现象：在一个家庭里，即便男人可能并不占据什么优势地位，而女人让男人有面子家庭关系也会很融洽。

其原因是作为一种“权宜之计”那么做，效果会很不错。

这也是一个国际通用法则，我们不要忘了现在的美国国务卿希拉里·克林顿当年是怎么给丈夫——当时的美国总统比尔·克林顿撑面子的。

因为作为一种生物学方面的战略，做好给足自己男人面子是最好的选择，所以希拉里才会那么做。

女人给男人面子之所以能满足男人的自尊心，简单来说是因为等级观念问题。

男人从小时候开始就一直在接受这样的教育：一个人的价值就在于自己处在某一个阶层中的什么位置。这种教育的结果有利于男人之间的自然淘汰进程，世界也许就是被这种程序安排好、设计好的。

这样，如果社会无法满足男人的自尊心，那男人就只有在家里获得那样的满足。

反过来讲，社会上得到了认可的男人在家里都温和体贴，因为他们没有必要特意在家里炫耀自己的地位。

不过，社会不仅仅只限于公司和工作的小圈子。因为当今社会已经非常多样化，存在着各种各样的社区圈子。有的人虽然打短工，但在某某地可能已经是鼎鼎有名的头号人物，也可能在 MIXI 社区里是一言九鼎的名人。

男人就是这样，只要能找到自己的位置，他们的幸福感就会很高。

另一方面，哪里都没有自己位置的男人就很成问题，很多施行家暴或虐待儿童的人都说自己是对被害人“教给他规矩”，实际目的是给对方加上我在你之上的烙印，所以他才会暴力相向或用言语攻击对方。

还有这样一类男人，他们只把旁人或家人当成满足自己的自尊心或获得自我满足的一种工具，很多人在谈恋爱中也这么做，所以女性朋友一定要多加防范。

仓田真由美女士在《爱上无赖男》这本书里，描写了很多男人说话经常夸大，女人信以为真，但实际上很多人都是信口雌黄。最后形成了所谓“唯我独尊型”的男人，而在往后的日子里女人也往往成了被虐待的对象。

我想，这件事是不是说明了这样一个问题，即男人确保他在一个族群中的绝对地位，这对于保持一个男人的自尊至关重要。而这样的事在女人眼里，坦白说是无关紧要、无所谓的，但对于男人来说，在一个族群中有人向他发出“你在我们中间是有稳固地位的”这种信号，却具有非常重要的意义。

我曾经从一位房地产公司老板的口中听到过“为什么坐骑非要大奔 SL 系列不可”的一桩趣闻。

据他说，要是坐小排量车会被对方小看，所以才不得已选择了坐大奔。那人外表非常儒雅，根本看不出是房地产公司的老板，所以才有必要用大奔向别人发出自己是老板这样的信号。

男人们呢，凭借是不是体育俱乐部或高尔夫俱乐部的会员而互相攀比，到底谁的档次更高，或谁的游艇拥有更广泛更优越的性能，也都是出于同样的理由。

生物学家福冈伸一先生曾经说过：“男人是做坏了的女人。”人本来计划都做成女人的，但从遗传学角度不得不下蛮力扭曲她，这才造出了男人。

所以说，作为一个生物体，男人基本上比女人脆弱。他们抗疾病和压力的能力较差，寿命也较短，更容易患上癌症、心脏病等等，会因离婚后的压力而早逝，总之男人一生中有各种各样的风险。

女人相对而言，如若遇到同样程度的打击时，则会马上忘掉，不会再在意，相反，男人多数情况下会一直念念不忘耿耿于怀，心灵倍受煎熬。

女人对男人抗压能力相当差这一点还不理解，那肯定更无法理解男人的行为。

总也不能结婚的女人当中就有这样的人，她们狂蹚会给男人造成压力的雷区自己却浑然不知，因为那些地雷对她们自己来说都是一些无关痛痒、无所谓的事情。

结果是，男人自尊心受到了伤害，从此便从她们身边逃开了。

这样的女人，如果她们对男人精神方面比较脆弱、自尊心非常强等特点不加理解的话，那有可能一辈子都结不了婚。

成功与失败全在于战略的好坏

为什么女人希望男人为自己和孩子提供生活保障呢？

答案非常简单。因为不管怎么说，女人不得不承担起做家务和养育儿女的主要任务。

不论多么发达的国家，男人从事家务劳动的比例都没有女人高。即使是在北欧各国，男女从事家务劳动的比例大概在 1:2 上下。顺带提一句，在日本这个比例大致为 1:9 左右。不管怎么说，还是女人做家务的比例高，因此无论从物理意义上还是从时间角度上，女人要想挣出生活成本费都是一件十分艰巨的事。

因此说，女人不能出去工作的那段时间，必须有人来养家。当然可以两个人都工作，但以哪一方的收入为主呢？显然是以男方为主的情况占多数。当然如果是“家庭主夫”的情况下，则要把刚才的男女比例颠倒过来，男人占9女人占1，因为这回主要是由“主夫”来承担起做家务和带孩子的重要任务。

不管怎么说，孩子必须有人来照顾，因此由女方主要承担这项工作时，男方必须为家庭提供生活方面的保障。那么，从男人角度来看，这件事意味着必须投巨资来保障女人和孩子今后的生活，如果不这么做，女人就不会为自己生孩子。大富翁的情形先暂且不论，对于很多普通的男人来说，不投进自己一辈子挣得的财富，女人就不会答应为自己生孩子。

社会制度也是这么形成的。

那么，婚姻制度是为什么人设立的呢？原则上是为极其普通的人而设立的。男人投入自己用毕生精力换来的财富，女人则作为回报为他生儿育女。如果不这样，就只有经济上宽裕的富人才能养得起孩子，那样，让DNA混合这一恋爱和婚姻的初衷和目的就难以实现了。

如今，孩子能一个人独立的年龄也在不断提高，从前15岁之前孩子就一个人闯荡了，现在长到20岁左右还无法走上社会。

从社会层面来看，我们必须创造出一套能让孩子们在20岁之前独立谋生的框架机制，这样教育制度、家庭制度、婚姻制度等等才能不断进化和发展。再看看现在那些学习专业知识的人，弄不好学到快 30 岁了都不能走上社会，这样的人现在也变得越来越多了。

然而这种现象和人们想混合 DNA 的欲望相互冲突。社会高度复杂化之后，为了向这个复杂系统提供某种附加值，必须有人为孩子们 20 年左右的教育成本来埋单。

从结果上看，这个事情无形中抬高了养育子女的成本，导致不结婚率提高，少子化问题想必也是理所当然的。经济负担如此加大之后，女人们自然更愿意找经济上更富有的男人。

前文中出现过的白河桃子女士在她的书中写道："想成为富人妻子的人采取的战略有两种。"

第一种战略，是向原本就十分富有的男士投资。选择这种战略时的竞争率很高，要想让对方选中自己势必要付出很多辛苦，而男士方面也因为花草蜂蝶环绕，想结婚的意愿也变得很弱，进而会产生很多问题。

第二种战略是，用抽签时的直觉对自己觉得"这个人会变得富有"这样的人进行投资。

说是投资，实际上也就是鼓励他，给他提供支持和帮助。如果有很多人采取了这样的战略，可以毫不夸张地说一定会有人成功。这样的话，事后就会出来"支撑一个喜剧演员从艰苦学艺时期起家的爱人"的传奇故事。

抽签中奖的几率可能是百分之一，也可能是百万分之一，概率虽然极低，但肯定会有人抽中。当然，中奖的背后肯定会有众多没有中签的人，而就这件事情的经济效用而言，即使没有抽中的，有的人也会发现没中签其实也是另一种功效，所谓塞翁失马焉知非福，从而把坏事变成好事。

这其实也是一个多样性的问题，判断一件事是成功还是失败，包括设定什么样的标准来判定，这都取决于当事人的战略。如果把恋爱或婚姻比喻成买股票的话，就是"成功与失败的回报率不同"这样一个极其常识性的问题。

恋爱与婚姻就是所谓的市场问题。

大家可以想象一下，这就像股票市场上的风险投资，那样就会比较容易理解。

互相依存的悲剧

然而，如果两个人对前面讲到的社会机制没有很好理解，仅凭精神方面的互相依存关系生活在一起，那就很容易发生悲剧。

我曾经从夜吧联盟的有关人士那里听到过类似这样的事："我交了一个男朋友现在和他住在一起，可他根本不出去工作。"

在某些更过分的事例中，男友不但把女方的工资全部拿走，还没收手机，甚至监视女方的行动。

为什么女人不从那么过分的男人身边逃走呢？原因

是这些女人在精神方面对她们的男朋友过于依赖。

男友其实也并不是总那么冷淡。女人回到家时他会对自己很温存，或做好饭等着自己，郁闷时让自己出门散心等等，他也在做一些细微体贴的回报举动。

女人就是对这种错误的回报举动产生了依赖，即使想离他远点，最终也无法选择离开。

其实不只限于女人，所有人都想以某种形式和其他人产生联系，通过相互间的互助关系建立起一个小团体圈子，从而获得安全感。因此，男朋友即使对自己使用暴力，但一想到“也许比没有他要好得多”，就很难提出和他分手的要求。

还有的情况是，不知道从男朋友那里出来以后自己该怎么办，也有的人不太了解怎样做才能从男朋友的控制下逃脱出去等等。当然还有那种手机被没收之后断绝了和外界的联络手段，没有办法发出求救信号的情况。

或许也有人因为缺乏自信心，不知道从男朋友那里逃出去之后还能不能找到比现在的他更好的人。

有很多这样的女人，本来就因为自己从事待客行业遭到家里的反对，认为“他不嫌弃我做这个职业，还和我交朋友”，好像自己都看不起自己。

这样的恋爱方式很难持续下去，而且很多情况下往往是以其中的某一方垮掉而宣告结束。

对“好棒啊”这样的褒奖缺乏抵抗力的男人和对“不修饰指甲”感到缺憾的女人

顺便问一下，有人知道“待客行业的功效”是什么吗？

我认为它的功效就是恋爱，不过不是真正的恋爱，而是像恋爱而已。

在现实世界里不招女孩子喜欢、找不到女朋友的男人，他们会花很多钱去获得年轻女孩说“好棒啊”的夸赞。因为在真的场合下绝对不会有哪个女孩说他们“好棒啊”，所以他们要花钱去听这样的夸赞。

而要听到哪种程度的“好棒啊”的赞美声才能得到满足，这个标准也是因人而异。是在六本木听，还是在银座听？要看个人的标准。

女人要是被那么吹捧的话，会怀疑这个人是不是没怀好心或是不是在和自己演戏？她们会想这些人不计回报，就来给自己脸上贴金和大加赞扬是不可能发生的事情。

然而，男人则完全相反，他们想听到“好棒啊”的赞美声和他们旺盛的食欲几乎相差无几。

因为男人重视自己在一个团体中所处的地位和尊严，所以他们才渴望听到众人的赞扬，也才会对“好棒啊！”的赞美之辞缺乏抵抗力。

而女人，大概因为她们从根上就没有什么想得到别人赞美的欲求，所以她们不太会被那种赞美之辞套住。女人的想法是，只要自己生活安定，与自己有关的人能过得幸福就足够了。

所以，女人会对自己穿的服装和吃的东西非常在意。男人中间虽然也有很讲究的人，但女人对服装的颜色、面料及氛围的讲究程度要比男人高出许多倍。

如果说女人那么做只是为了自我满足，那真的无话可说，比如说染指甲就是一个好的例证。

这是个尽人皆知的有名话题，女人们在为谁染指甲呢？回答是为了自我满足——只能用这样的理由才能解释得通。女人们知道男人都不大喜欢她们染指甲，也知道世间对染指甲的人印象都不大好。她们只是为了自己的心情能变好才想染指甲。

因为手指甲如果没有经过任何修饰，猛一看时、敲键盘时、和别人说话时就会感觉空荡荡的，像是少了点什么。

希望从细碎的地方开始一步一步扎扎实实把生活安排得舒舒服服，这或许就是女人的特点。

女人不像男人那样老想着到处去扩大自己的影响、自己在社会中的等级地位问题等等，她们对这些觉得无关痛痒，也不想有什么关系。为什么呢？因为即便爬到了等级金字塔的顶端，卵子也不能到处去播撒。因此，女人原本就对那样的事情没有去做的原动力。

与其做那些,倒不如把自己的卵子在能舒适生活的环境下打理好才是最基本的战略。

为什么几乎看不到面向女性的色情服务业呢?这也是大家经常谈论的一个话题,这其中的原因其实就是上述的战略问题。对女人而言,暂时性的快乐不具备多大的功效。

那么,要问为什么性爱的价值对男人和女人不一样?那是由于对女人来说风险很大的缘故。

另外,男女对于性爱所需要付出的投资金额和时间成本也完全不同,无论从客观物理的角度还是时间角度都需要付出很多牺牲,成为左右人一生的大问题。

所以,女人会去追求一些更加现实和具体的目标,而不会单纯为了满足自尊心而去耗费精力。

同性恋与异性恋

关于同性恋和异性恋这个话题,现在只知道这好像是荷尔蒙作用的影响,而实际上造成这种现象的原因究竟是什么还不太清楚。不过,有一点可以说明,那就是同性恋和异性恋不是后天形成的,遗传因素很有可能是形成这种差异的原因。

同性恋不只是人类才有的现象,在猴群等动物界里同性恋也被证实普遍存在。有人甚至猜测,社会是不是有需要这种现象存在的某种理由呢?

现在,有推算被称作同性恋的人男的占5%,女的占不到1%左右。

女同性恋可能实际人数还要多一些,但因为在社会上很难生存,或本人没有察觉,所以出来的统计数字有可能也偏少。

顺便说一下,作为性取向方面嗜好的同性恋,和有异性装癖的男同性恋和女同性恋之类的跨性别者应该区分开来,不可混为一谈。有异性装嗜癖的女同性恋者,她们的身体是女人,但精神上是男性(跨性别者),所以对于她们本人来说,是异性恋。

此外,虽然从严格意义上讲男色与同性恋是有区别的,但日本在传统上本来就存在相当发达的男色文化。

所谓男色，是一种产生于战场或寺庙等很少见到女人环境下的风俗习惯。而在和平的江户时代，男色作为一种文化在城镇居民中间流传开来。在论述武士道的著作《叶隐》中甚至还有描述“众道（男色）”心得的章节。

只是严格说来，男色与同性恋是不一样的。日本直到明治维新之后基督教卷土重来之前，在性嗜好方面还是一个相当开放的国度。战国时期的武将等等甚至不论男色还是女色，都曾把性关系当作一种战略加以利用。据说家臣奴仆等人由于必须在战场上同生死共命运，因此男人之间通过保持性关系，相互之间的关系能变得更加牢固。

我曾经从一位担任过自民党田中角荣派议员秘书的人口中听到过这样的说法：“老爷子（议员）说真正能把自己的金库托付出去的人，女的必须是情人，男的若不是同性恋的另一半之类的关系是不行的。”

即使在当代社会，人与人之间是否保持性关系，决定了能否产生没有逻辑的爱情、以及强化人与人之间的联带关系，这是一个饶有趣味的话题。

所以，就像异性间有政治联姻那样，同性恋有时也被战略方面的考虑利用。

同性恋原因，其中当然也有荷尔蒙与遗传基因方面的问题。同性恋之中大约有一半左右的情形是由于出生时的性别发生了错误（跨性别者），就好比很多情况下容器里放进了错误的东西，当事人觉得自己是异性恋的情况居多。

姐姐型的男人和普通男性有组成一对的，如果两个都是姐姐的话就是女同性恋者，倒是可以在理论上这么进行分类，但真人实际上没怎么见过。

顺带说一句，比较爷们味的女人和普通女人成为一对时，一般来说普通女人本来就喜欢男性，所以她们会觉得还是真正的男人好，某些情况下会从假男人那里逃出去。

了解一下两性人

此外，兼有男女双方性征的人称为两性人，这个问题相当严峻。

这是一种称为克氏综合症的染色体异常现象，平均以每 500 人到 1000 人中有一个人的比例发病。主要症状有，虽然是男性但乳房异常发育，或没有男性的第二性征等等。患这种疾病的人通常会作为一名男性培养长大，成年之后呈现女性化的特征，另外也有与此相反的情形。

漫画《没有性别》的作者新井祥先生原本是作为一名女性长大的，后来和一个男人结了婚，而她现在是男人。婚后，因为身体不适到医院接受治疗时发现了染色体异常。由于身体上的毛发有的地方变重有的地方变轻，男性化倾向逐渐明显，因此接受了荷尔蒙治疗变为了男性。

据他说，医生曾告诉他，治疗后不要做一些让女性荷尔蒙分泌的事比较好。他说自己作为女人生活时，的确每次性生活时都会发生不明原因的身体不适症状，为此曾很头疼。

新井先生写的书里让我感觉很有意思的是，他作为一个女人所看到的社会氛围与变成一个男人之后看到的社会氛围是完全不同的两种景象。

做女人时周围的人虽然都非常温和，但他说有一种受到蔑视的印象。变成男人后，虽然大家用同等态度对待自己，但他说“好像有一种就我一个人在沙漠中的感觉”。我觉得他真说到了点子上，让我感觉有点怪怪的。

变成男人之后感觉像是在沙漠中，是由于竞争激烈的缘故，那里根本没有人会帮助你。而做女人时，他把自己看成是一个“不参与竞争的人”，我对他当时的这种心境非常理解。

这正好说明了保护与歧视是正反两面的关系。

新井先生把他的体会通过漫画形式淋漓尽致地描绘了出来，所以能让人非常容易理解男人和女人的精神世界和构成原理。

我那时就想，新井先生在他的漫画里描绘的事实，是否应当作为一种社会普遍性的智慧，让更多的人去了解它们呢？比起学校里的性教育课来，新井先生的漫画要更生动有效得多。

无性恋者

言归正传，跨性别者也好两性人也罢，他们涉及的就算是性少数派的话题，但也都是一些有关性欲指向性的问题。

而与此相对应的是，最近出现了一群被称为“无性恋”的人。这是一群从生物学角度看虽生为男人或女人，但他（她）们对其他人不产生恋爱情感，也没有性的欲望，不具备同性恋或异性恋者特性的一类人。

不用说，无性恋的人不可能顺利地和别人恋爱。

为什么这么说呢？因为性爱作为恋爱当中的一个无价功效，所占的比重很大，无性恋的人从根上就放弃了对性爱的追求。

所以说，无性恋的人要想让恋爱成功，就只有选择同样的无性恋者为对象。如果不这样，就会有人问：通常情况下的恋爱都含有性关系在内，真的有必要那样吗？并会因此引发这样的争论。

我凑巧有一个无性恋的朋友，她告诉了我无性恋是个什么样的概念，让我眼前有了一种豁然开朗的感觉。据她说人并不会因为是无性恋就厌恶性方面的事情，她们只是对有关性的东西一点都不感兴趣。

当然，在无性恋人群当中或许确实有厌恶所有性方面东西的人，起码不是所有无性恋的人都对性抱有厌恶感。

无性恋者对于性的想法不如说只是"无所谓，尽量能不做就不做"，如果碰到非做不可的情况时，他们会当成是对对方的一种无偿奉献而想开这件事情。

我的那个无性恋朋友因为恋爱总不顺利，曾经为自己是否是同性恋而苦恼，但她得知自己原来是无性恋者时，她感到浑身变得轻松了。不过，因为我的那个朋友是女的，如果选择异性恋的话，自己就会出问题，所以她选择了女性作为恋爱伙伴，从某种程度上似乎解决了性爱的问题。

从前，人们为了强制性混合 DNA 而建立了婚姻制度，让人们互相相亲，早早地生下孩子来稳固婚姻关系。整个社会都在给人们施加一种"快点生孩子"的压力，所以无性爱的人也都被套进了那种模子当中，上面所说的问题才没怎么显现出来。

如今，由于那种社会框架已经不复存在，因此同性恋、两性人和无性恋等诸多问题就冒了出来。

我认为这也是一种人类社会多样性的问题，不能一刀切对它们加以否定，而是应当创造出一个包罗各种不同的人群共存共荣的社会。

第三章
恋爱与婚姻制度

互为对方尽力，延年益寿

说到婚姻制度时，最应当注意到的一点就是长寿化。

根据国立社会保障与人口问题研究所的统计数据，一生中没结过婚的或已离了婚的人，与持续婚姻的人的平均寿命截然不同。

男人的情形，相比 40 岁时有配偶的男人，那些没结婚的人和离婚的人平均寿命都会缩短。其中未婚者大概要缩短 8 年半(有配偶的男人还能活 39.06 岁，未婚者 30.42 岁)，离婚的人缩短 10 年多一点(还能活 28.72 岁)。

女人的情形，寿命缩短的趋势为，未婚的人大概缩短 8 年，离婚的人大致缩短 5 年。

从女人有没有配偶对平均寿命影响不大这一点来看，我们也可以对上一章里讲到的“女人抗压能力强”这一点有一个大致性的理解。

离婚男人和未婚男人寿命这么短的原因，可以说还是在于没有善待自己、好好照顾自己的家人。

例如，“为了家人而努力工作”或“为了健康而戒烟”这样下定决心而采取的行动，很多不都是在结婚或孩子出生这样的人生节点上做出的决定吗？

我想，一个人可以为了别人而努力奋斗，这对一个人来说是一件最幸福的事情。那么他(她)可以感到人生具有挑战性,在其中获得幸福感的人能长寿是必然的。并且,有家人的话也会对自己的健康多多留意。

一般来说,能得到周围人尊敬和悉心照料的老人会长寿。冲绳老人长寿的秘密其实就在于这里。

反过来说,如果不大被别人当回事的话,老人就会早早西去。

所以说,男人平均寿命的长短受是否有配偶的影响极大,就是因为不成家,就没有家人,没有对自己好的人,这样的解释是说得通的。

上一章里,我讲到了“套利交易”这个概念,通过经常性对对方有用处,自己也能从对方那里获得很大好处。

两个人在互换功效的过程中,双方的功效会逐步增大。

相比一个人单独投入资源的情况,两个人进行功效的套利交易能获得更大的回报。

恋爱结婚可以说是一个自由市场,在这片天地里,自由贸易规则是原原本本可以通用的。

通过经常性地进行功效交换,夫妇双方都可以不断上一个台阶,那么就可以达到一种没有输家的最佳配置状态。婚姻确实和贸易的概念很接近,只要维持最佳配置状态,婚姻就是成立的。

所以,当夫妇双方中某一方变成了输家,那也就是婚姻走向破裂的时刻。

例如，丈夫有家暴倾向就是妻子明显成为输家的一种形式。

顺带说一句，结婚的一大优点是可以延年益寿，这是很好理解的，简单说就是男女双方都可以获得一种稳定感。但相反，如果婚姻给双方不断造成的是压力，那么这样的婚姻就会不幸，有损阳寿。

美味佳肴天天吃也会倒胃口

2010年，NHK早晨连续电视小说《怪怪怪的妻子》获得了很大反响。它讲的是一对通过相亲结婚的夫妻的故事。相亲后过了五天，两人就举行了结婚仪式。

这种事情在很久以前也并不算稀奇。据说夏威夷的移民相亲就有过这样的情况：从船上走下来的那个人和事先送来的相亲照看着既像又不太像，这时当然不能让人家再回去了，因此就出现了很多夏威夷的年轻姑娘嫁给了40出头儿的像农家大叔模样的人。

然而，即便这样生硬拼凑在一起的夫妻，在之后的年月里，双方如果真的能建立起一种互换功效的关系，婚姻也能获得长久。

相反，刚一结婚双方就立刻终止交易，那自然是长不了。

相恋时关系非常热，满心想着“我就想和他（她）在一起”就随之结婚，通常会遇到很大麻烦，因为谈恋爱时，即便双方对彼此的恋爱功效都很大，但那种功效是有有效期的。

不幸的是，恋爱的极限功效会在很短期限内递减殆尽。如果结婚后两人天天在一起，对对方的兴趣便会逐渐丧失。

即使是再好吃的美味，如果每天都吃也会倒胃口，说的是同样一个道理。每天都吃同样的饭菜会吃腻，会产生想要换个口味的愿望。

那时就会重新回过头来想“我和这个人结婚值得吗”。有人在外面下馆子后，则会觉得“那里的饭菜真好吃”。

未婚男性当中，有些人有可以自由地到处下饭馆的经济实力，他们不想总被束缚在同一个菜单里，而是想吃各种各样的美味，这也是没办法的事情。我想，有这样的想法存在也实属正常。

有的女人就喜欢这样到处品尝美味的男人。只是，女方希望结婚，男方并不想被束缚，所以男方一般不会答应结婚。

或许从生物学角度看，因为无法留下自己的后代，这样的结婚战略是无法取得成功的。

从某种意义上说，这样的男人通过纳税为社会做出贡献，为整个社会养育后代起到了帮助的作用，因此，尚且还是用一种宽容的态度看待他们吧。

说来说去钱还是最重要的

结婚带给女人的最大功效，说穿了就是钱。能稳定获取金钱，这种功效是最重要的。

结婚能有孩子也是很重要的功效。女人很少有在人前夸自己丈夫的，但夸孩子的话却可以时不时地听到。试着听听大众餐厅里妈妈们的谈话，我们会经常发现，妈妈们在聊天中不自觉地便会流露出夸耀自己孩子的话语。

至于丈夫呢，女人们应该没把他们当成是自己的成果。对于女性来说，结婚的目的有得到自己孩子的意义在其中，所以对于作为结晶成果的孩子，她们会以一种类似对产品负责的形式，对孩子产生爱和依恋的情结。

相比之下，男人在家庭这个小社会中，自己的地位能得到家人的承认，能被家人重视和照顾，这些是举足轻重的。

男人和女人各自不同的功效能很好地达成一致，这是婚姻得以成立的重要条件。

然而，婚姻本来是有着微妙利害关系的男女两人互相结合的产物，对这种关系听之任之是十分危险的。

“日本的幸福度”的调查结果显示，关于婚姻的功效问题，女人的收入对男人几乎不形成任何的影响。也就是说，女人是否挣钱对男人婚姻生活的幸福度而言几乎是没有任何影响的。

与此相对应的是，男人的收入对于女性的婚姻功效则影响很大。

家庭总收入属于同一区位的情况下，统计结果也显示女人挣得越多离婚率就越高。更可怕的是，统计学上甚至可以判断出，女人的收入越增加，离婚率越呈现上升的趋势。

也就是说，女人追求的不外乎是社会性保障，说到头还是金钱重要。

所谓社会性保障，说直白一点就是女人通过自己的努力挣到的钱和丈夫挣到的钱之差额。这个差额变小之后，也就有了离婚这一选择。

男人如果有肯为自己生育儿女的人出现，同时也具备支付女方精神损失费的经济实力的话，抛弃老婆选择离婚的情况也是有的。

我周围的不少男性企业老板，不开玩笑地说，离婚率是很高的。

有一个老板，因为不喜欢老婆和儿子之间出现遗产纠纷的麻烦，在公司上市之前和老婆离了婚。也许他们的婚姻在那之前就已破裂。这位老板想在自己过世之后把公司让给儿子继承，而根据法律规定留给老婆的份额会很多，他不喜欢这样，因此为了防止这样的事情发生，提前和老婆离婚实施了财产清算。

从他夫人的角度来看，与其侍候一个怪癖的老公，还不如拿到钱后得到自由的生活，所以这桩离婚中没有哪个人变得不幸福。

听到这个事情后，我感觉很有意思。没有爱情，就不会发生 DNA 的交汇，也不会产生什么变革。

恋爱当中，会产生一些意想不到的机缘巧合，也就是所谓的意外新发现。而将这一瞬间“咔”地一下锁住进行封存的就是婚姻制度。

但是，婚姻随着时间的流逝，两人的利害关系不再能取得一致时，分开就会不可避免。

相亲结婚，还是自由恋爱结婚？

在尝试了很多种不同的组合之后，虽然不会和 CHEMISTRY（日本“化学超男”组合，意为配合默契超常发挥）的情形一样，但有可能发生像 CHEMISTRY 字面意思那样的化学反应。

至于会不会发生化学反应，不去多次谈恋爱是不可能搞明白的。就是说要尝试所有各种各样的情况，只有其中的一部分会发展到结婚。

也有的人像《怪怪怪的妻子》里演的那样，不经过恋爱阶段就直接结婚了。

我认识一个人，原来他是证券公司的，后来成了某家族企业老板的女婿。这个人原本在一家大型证券公司，是负责那个家族企业业务的外销员，后被那家企业的财务经理看中，以一种与相亲毫无二致的方式让这个人和公司老板的女儿结了婚。这位财务经理是老板的弟弟。

婚后，这位原证券公司外销员成了那家企业的干部，并在事业方面大显身手，如鱼得水。简单来说，这件事一开始叔伯先看上了他，策划把他变成本家族的女婿，那家人约他吃过几次饭后就开始张罗婚事了。从那以后，这家公司在业绩方面有了长足的发展。

当然不能笼统地说自由恋爱结婚就能幸福，相亲结婚就会统统不幸。

大家都选择自由恋爱方式结婚，是否就真的一定会好呢？这个事是有争论的。谈恋爱时脑子昏昏然的状态下结了婚，遇到现实中双方的社会地位和思维方式不同或氛围不对的情况时，就会导致两个人的双双不幸。

所以说，只因为太喜欢对方就仓促结婚，还是有风险的。

而相亲的情况，由于从一开始就要解决“我和这个人的感情为零，那我也愿意娶她（嫁给他）吗”这样的问题，之后的婚姻能长久持续的可能性反而会加大。

自由恋爱结婚的情况，由于不彻底的恋爱在先，因此一旦恋爱对双方的功效降低，感情就只会在负面方向起作用。

经济学家田中秀臣先生所说的“恋爱功效在结婚时达到顶端”这个话，我觉得的确言之有理。恋情变幻莫测，大家都说持续最长不过两年时间。

《人为什么会堕入情网》这本书中说，人在恋爱时，大脑会分泌一种从前没有过的物质，之后大脑就会巧妙地制造出“情人眼里出西施的状态”。互相看不到对方的缺点，优点却格外醒目，这样两个人就自愿在婚姻登记簿上盖章。

动物也好人也罢，不是见到谁都可以一见钟情。不管对方的条件再怎么优越，不喜欢的人就是怎么也喜欢不起来。

每个人在恋爱方面都很挑剔，喜欢或厌恶的感觉取决于微妙的平衡感。相亲的情况也不例外，和脾气不投的人结婚很自然会走向分手。

简单来说，就是能否忍受得了对方带来的负面功效的问题。

人通常不会因为对方没有超量的正能量觉得接受不了，而会因为对方对自己有负能量而觉得无法忍受。

相亲结婚的情形，两人的感情为零也可能结婚，而婚后在对对方进行 Due Diligence(进行投资或企业间兼并重组时对对方展开的调查)时,有时会发现对方有大量负面功效的情况。这就好比在公司审计时,发现有大量账目外负债的情况一样。

相亲和自由恋爱的区别,只在于你是选择在一个一定程度上相对规范的市场中进行比选,还是到一个完全自由化的市场中去选择的问题。

如果硬要我给出一个建议,如果你不知道哪个市场更适合你,那么就两个都试一试为好。针对自己的目标,尽可能多一些可供选择的方案,从中选出最适合自己的那一个,我觉得这样做会更好。

但需要注意的一点是,结婚是有时间限制的。

所以,要在一定的期限内尽可能获取更多的信息,从中选出最适合自己的人,这一点非常重要。

吃请而不上床的是正统派

经常有人问我:“怎么做才能有约会的机会啊?”“约会要做些什么呢?”

这种时候我总是这么回答:“你们互相传递意思好了。”

其实方法有很多,比如稍微四目相视一下、两人说些有那种意思的话、触碰一下对方，或更干脆一点，托人传话介绍一下等等。或是直截了当地托朋友“我想和这个人出去吃个饭，给我介绍一下”也是可以的。

比如你问男方喜欢吃什么口味，哪里有个饭馆味道很好，这样男方会很容易接口：“啊，那下次我们一起去吃吧。”

然而，实际情况是，很多女人只是在那里等着男方邀请，从不主动释放任何信号。

男人是不会向没有任何意思表示的女人发出邀请的。可能他们会想：“这个女人真不懂风情，”而后采取置之不理的态度。

你可以试着说：“我特别喜欢吃烤肉！”然后看看效果。如果你想听音乐会，不妨聊一聊你喜欢的音乐家，要是想去美术馆看展览，也可以说说你喜欢的画家或雕塑家。

不会自然轻松地聊这些话题的人，或许因为原本就对美食、音乐、艺术等等不大感兴趣，所以不知道约会需要说些什么，哪些话题能成为接近对方的契机。

而且，这些人因为害怕失败，连交际聚会也不愿意去，劝她登录婚恋网站，她会说：“还是算了吧。”最后是什么动作都没有。

很多人认为登录婚恋网站“有伤自尊”，我觉得这种想法不正常。我认识很多通过网络相知相遇获得自己幸福的人。简单来想这件事，如果现实中没有心仪的人，那就只有选择去婚恋网站这条路。

实际上，利用婚恋网站找到合适对象的人比大家想象的要多得多。上婚恋网站的女性中有的不缺钱，但没有时间，其中药剂师或护士职业的人居多。

女性当中在事业方面成功的人，从某种意义上说她们颇具魄力，也许因为这个原因才对上婚恋网站没有太多的抵触。

反过来看，那些在工作和私生活方面都半半拉拉的人，考虑问题就很难做到不拖泥带水。

恋爱是一种非语言性的沟通交流，两人之间会互递信号非常重要。不谙此道的人，大概谈恋爱和婚姻生活都会比较困难。

这样的人在现实中和男性交往时，即便男方发出了“满足一下我的自尊”之类的信号，大概她也全然没有察觉，最后走不到婚姻那一步便以遗憾而告终。

男方请自己吃饭的目的，当然是为了满足自己的自尊心。下面的说法虽然有些不中听，但女人还是这么想这件事比较好：他把原来要花在夜店小姐身上的钱，用来请自己吃饭。

但并不是说吃了他的就一定要跟他上床，原则上讲，吃请而不上床才是正统派的做法。

也有例外的，我的朋友当中就有人遇到过光听对方发牢骚，饭菜也不好吃，到头来还是女方掏钱买单的事情。

天生会谈恋爱的人

世界上有一种人“天生会谈恋爱”。

这种人大体上都具备良好的沟通能力，他们好像在自然而然之中就掌握了如何接近别人和被别人接近的本领。

我上高中时有一个女朋友，在男生中非常有人缘。她是个姐姐型的人，长相一般，绝对谈不上是什么美女。但是，她一旦发现喜欢的男生就会主动上前搭讪，有时会做出让男生愿意约她的举动，在男生中很有人气。我记得她那时只要男生找她谈事就来者不拒，在同学中有着超强的信任感。那么，自己可以在平时多观察这样的人是怎么做的，在这方面自己的能力也能得到提高。“哦，原来是这样和男生肢体接触的啊”“原来是这样和男生对视的啊”“是这么说出让对方心里痒痒的话啊”等等，学着去做就可以了。

我那个朋友接触对方时总是很温柔，听对方说话时也总是诚心诚意认真倾听，并不时伴有细小的肢体接触，这方面她真的很会拿捏分寸，恰到好处。

恋爱和相亲也最好可以采用同样的方式去经历一番。只是要想去经历就必须制造出相应的场景。

想去相亲，就必须先登录相亲网站，想谈恋爱就必须学会传递自己心思的方法或让男方愿意约自己的方法，学会怎样去约请对方也是不错的。

反复多次“锤子剪子布”进行猜拳，肯定能从中发现一些窍门。

特别是结婚前要多多经历猜拳比较好。我当初因为完全没有经历猜拳的过程，就结了婚，所以婚后发生了一系列事情，都是众所周知的。我这里所说的猜拳，当然指的是“谈恋爱”这桩事。

问题还是出在想一下子找到正确答案这一点上。想从一开始就一定不犯错误，或遇到像电视剧里出现的那种“命中注定的人”，这些想法都是完全不现实的。

和男人交往，不用发展到性关系，只是一起出去吃吃饭就可以学到很多东西。

对于女性来说，发生性关系无论如何都会有染病和怀孕的风险，因此门槛会设得很高。

所以说，在发展到性关系之前，可以先把注意力分散到吃饭这件事情上去。

事实上，男人和女人两个人单独出去吃饭，这本身就是“有进一步向前发展的可能性”的一种相当明确的信号。所以，我绝对不会和有妻室的男人单独两个人出去吃饭，因为我不想让对方抱有多余的期望，之后招来不必要的麻烦。

但我想，如果两个人都已经跨越了怀孕和生儿育女阶段，不去在意那些也是没问题的。

将婚姻和孩子“解除捆绑”

在当今的日本社会，存在一种出生于结婚之前的被称为未婚生子的孩子，非婚生孩子很难得到社会承认。未婚男女生育的孩子比起婚生子来，在法律层面都会受到歧视。

因此，现今要是想要孩子就必须结婚。拥有自己的孩子和正式结婚，这两件事完全捆绑在一起。

在日本之外的其他发达国家里，“有孩子”和“结婚”正在向“解除捆绑”方向发展。这是一种认为拥有自己的孩子和结婚可以当作两件不同的事情来考虑的思维方式。

法国等国家比较具有代表性，在美国这样的动向也在不断加快实施的步伐。

孩子可以出生于两个恋人之间，也可以是婚姻的结晶。这种思想的出发点是养育孩子的责任可以由全社会来共同承担。单亲父亲也好，单亲母亲也罢，社会能养育孩子的话，就不存在任何问题。

和从前不同，现在虽然仍存在待入托儿童的问题，但已经有了托儿所和儿童补贴这样的社会资源。在这样的设施环境中，是不是只有结了婚的夫妇才是抚养孩子的正确途径，这的确是一个让人产生疑问的问题。

如果把结婚和生孩子捆绑在一起的话，不结婚的人就不会生孩子，因此少子化现象就会不断加剧。

另一方面，在发达国家，养育孩子的时间段延长，所需的费用也在增加，结婚年龄越来越大，结婚本身正变得越来越困难。

所以说，如果不去正视和容忍一个变化的、更加开放自由的社会环境，儿童的数量就将会持续减少。

将结婚和生孩子解除捆绑，把它们作为两件不同的事情来处理，这种思维方式就是在上述背景下产生的。

社会应支持任何一种选择

有些发达国家已经开始认识到，作为整个社会留下后代的一种战略选择，如果过于拘泥婚姻这种形式，反而会导致留不下子孙的后果。

大家都知道在瑞典等北欧国家，婚前同居的时期很长。这种习惯的意义在于，两个人试着在一起生活，如果证明合适的话，再结婚。

同居过程中孩子出生，那之后两个人即使分了手，社会也已经形成了能帮助单亲父亲或母亲抚育孩子长大成人的援助机制。不这样的话就无法维持人口的均衡。作为一个寒冷地区的小国，这样细致的安排合乎情理。

婚姻制度原本是为了延续后代而设置的一种社会制度。然而，现在由于这个婚姻制度，孩子却越生越少了。

所以，思考在婚姻之外创造出一种延续后代的机制和方法是理所当然的。这也就意味着我们必须承认多样化的延续后代的战略。

战略是个很难的事情。即便在当时情况下最优化的战略，随着时间的推移也很快会变得陈腐落后。大家都去追求效率没有人出来冒险的话，整个社会就会陷入衰退。

因此，必须要有一定程度的富余量。以婚姻的话题为例，将结婚和生孩子这两件事情解除捆绑，实施多样化的战略就是一个不错的选择。

的确，在当下的日本，如果单亲母亲们都能完全得到生活救济，她们在经济上一个人抚养孩子是绰绰有余的。

但这和她们是否能在社会上得到肯定完全是两码事。

在日本，如果一个母亲生育了三个孩子，然后不出去工作只是靠生活救济过日子的话，周围人会怎么议论她呢？

在法国，政府说那么做是个人的自由，继续吧没有关系。无论对普通的结婚家庭还是单亲家庭都不进行任何的奖励，政府保持中立。

无论个人做出了哪种选择，政府都给予必要的保护，那么就都能维持普通的生活。

双职工的概念是“放宽管制”

直到前不久为止，家庭中的家务事完全由主妇们全权负责，我认为这种安排在一段时期内是最优化的结果。

第二次世界大战结束，当世界进入工业化时代时，此类分工模式在全世界各个国家都得到了积极的应用。

那是一个劳动密集型生产方式对提高劳动生产率起着重要作用的时代。甚至在美国，我们看上世纪 60 年代美国电视剧，女人差不多都在做家庭主妇。这种分工当时应该是最优化的战略。

但从金融学角度看，家庭收入只依赖老公一人的这种投资组合，说实话是很危险的。从投资组合理论上讲，很明显，双职工的双份工资分散了投资，资产风险相应得到了降低。不过，婚姻对双方的功效也会相应减弱。

社会上有很多人由于经济方面的原因不能离婚，但夫妻双方都工作的话，女人有了经济实力，离婚的自由度就增大了。

所以说，对于夫妻双方都工作的现象，用放宽管制的概念去理解会比较容易懂。

当然，即使是双职工，两个人如果通过努力，在竞争市场中都能获得比金钱更重要的东西，那么就和“放宽管制”

的概念毫不相干了。

以企业的例子打比方，刚结婚相当于对等重组，重组后需要发挥出合力效果，让企业上一个新的台阶。

但是，不能上一个新台阶的人有的会变得不幸福，对等重组也可能遭遇失败。

双职工和家庭主妇的问题，不存在哪个好哪个不好，它也是一个战略性的问题。

今后，我们需要建立起一种能让大家自由选择、不会因为选择某一方而陷于不利的社会制度和机制，这是非常必要的。

家庭主妇模式的崩溃

在日本，直到前不久，还存在一种认为双职工是穷人做的事这种固有观念。而现在却反过来了，认为双职工是正确的风潮刮过了头，大家都在说“家庭主妇肯定在偷懒”。

这有点过于从一个极端走向另一个极端了。作为一个个体的人或家庭，无论作出怎样的选择，只要不对自己造成不利的后果就可以了，事情就是这么简单。

我在内阁府里参加了“男女共同参与社会”的研究工作，在那里我时常感觉到男女共同参与社会，作为一项针对双职工家庭和职业妇女的政策，实际上几乎完全被误解成了女权主义的变种。

男人拼命工作，一个人承担所有的责任而不能长寿的社会很不正常。所以，应当大家都出来工作，让这个国家变成一个男人每周工作不超过 40 个小时也能生活下去的国家，这就是“男女共同参与社会”的理念。

家庭主妇主持家务的家庭，过去被当作家庭的典范，占社会上的大多数，而现在家庭主妇的数量还占不到一半。由于样板家庭已经变成了少数派，因此迄今为止的最优化制度不再适用，应当进行改革。

我觉得“女权主义论”或“同情论”以及“三岁幼儿神话”日本有一种观点认为三岁前的幼儿不跟着母亲的话，会发育不健全之类的论调，真的都是一些多管闲事之举。做什么样的选择，应该由各个家庭按照风险和回报的情况进行判断，政府没必要出面干涉。

话说回来，政府给国民展示“样板家庭”之类的样板指示国民该怎么做，这事儿听上去就很奇怪。

而且，至今为止的税制和社会制度都对那样的样板家庭过于适配化，因此事实上已经形成了既得权益的格局。所以，本来应该废除的“配偶减税额”和“配偶特别减税额”真要决定废止时，总会引起轩然大波。

在企业里，有的发放“配偶津贴”，有的没有，但有没有配偶与员工本人的工作能力是没有关系的。我觉得还不如废除那样的制度，把那笔钱转而用作员工个人年度报酬的资金源，岂不更好？

如果公司能因此而得到发展，那么员工也能长期在公司供职，对其本人也有好处。

孩子入托的费用太高

就像我前面讲过的那样，现在样板家庭已经成为了少数派。然而，日本社会上仍旧形成了一股“家庭主妇挺好”的氛围，就业形式和教育制度也在这样的氛围影响下得不到改革。

特别是幼儿园，上幼儿园的孩子家长前提就是家庭主妇。孩子们回家的时间不但很早，园里许多活动还经常叫家长参加，这样的条件下母亲连兼职的临时工作都没办法去做。

因此，现在在推进幼儿园和托儿所的一体化。然而，其中掺杂着现有幼儿园和托儿所的既得权益问题，进展非常缓慢。

从经济学的观点来看，有如此大量的儿童长期等待入托，这说明市场的扭曲已经达到了相当严重的程度。等待入托的儿童，是对托儿所的超量需求，如果允许托儿所自由开业的话，想要从超量需求中获取利益的人就会不断开设新的托儿所，供需平衡的矛盾就会得到解决。

然而，超量需求一直持续存在，这说明政府制定的托儿所市场规则发生了错误，是完全失败的。

关于托儿所管控规则方面存在的不少问题，长期以来一直不断有批评声音。这是政府介入市场的一个失败的例子。

本来，选择夫妻双双工作还是老婆在家当家庭主妇，最好能由当事人自己来决定，然而，现在的情况是，老婆想出去工作都因为托儿费太贵而没有选择的自由。

能自由选择自己的工作方式和生活方式的社会，才是更有潜力的社会。

不论是恋爱还是结婚，管制方面都应当再宽松一些，让它们形成自由的市场。

按照上面单方面制定的样板和最佳投资组合般的模型安排自己的生活是可以的，但将来你的婚姻因此破裂，政府不会对你伸出援手。

我想提醒大家的是，考虑到上述的风险，即使将来不成功，也还是自己做出选择最好。

离婚经济学不难懂

离婚经济学，意思是将维持婚姻的成本和解除婚姻的成本进行比较，衡量两者中哪一个更具优势。

通常情况下，多数女方都能在离婚中得到更多的好处，但她们也会为此付出巨大的转换成本。

比如说，离婚之后姓氏问题怎么办？这是一个最棘手的问题。根据情况有时需要到家庭法院进行交涉。对于女人来说，很多时候也要负担其他方面的诸多风险。

我觉得也有不少人不存在任何的转换成本，如果这些人单纯比较离婚前后的优势劣势的话，选择离婚的好处会更多一些。

不能离婚的原因，是因为转换成本太高。

就现状来讲，为办理离婚的制度虽然还比较健全，但还是很多人并不了解这个制度。比如一般人就不知道支付抚养费的约定可以进行公证，抚养费的市场价有一个一览表可以参照等等。

那么，光是学习如何利用这个制度就需要花费不小的时间成本。

我想这种状况背后的原因，是整个社会原本就对离婚持一种不太情愿去推崇的态度，所以当局才不想让大家学习有关离婚的真实情况和相关知识。

据我所知，聚焦这个问题的媒体只有朝日电视台在《点播排名》的一期节目中涉及过离婚方面的知识。节目介绍的内容，实际上都是提供给一些像我这样有过离婚经历的人去借鉴和学习的最基本的知识，并且，只是简单解释一遍法律条文和实际需要办理的手续，根本不是那种需要请律师出场的高难度的内容。然而，出场嘉宾和观众还是会特别全神贯注地听讲，反响非常热烈。

那么，从根本上说，认为“没有相当专业方面的知识，实际上离不了婚”的想法本身就很可笑。我在很多场合一直在说：“了解有关离婚的知识和懂得营养学有异曲同工之妙。”

我们在学校家庭科目的课堂上，都学过要保持蛋白质、碳水化合物和维生素之间的营养均衡，以及一天当中应摄取多少卡路里的热量等常识。那么，即便你不是专业营养师，或许也知道夜里吃拉面对身体不好，一般白天吃了油大的东西就会想晚饭应该吃清淡一些，喝酒喝得不省人事的话肯定会影响健康。这些知识，想必任何一个人都会知道，用不着请营养师。那么，这种程度的知识随便哪个外行都能说出个一二三来。我想离婚方面的知识也应该差不多这个样子才对。

要想降低离婚方面的转换成本，我认为如果像在学校的家庭科目中教给学生营养学知识那样普及离婚方面的知识的话，效果一定会很不错。

通常情况下，想离婚的人都感到维持婚姻的成本很高，并且都希望用金钱清算的方式来结束婚姻。两个人都希望分手的话，协议离婚就很容易成立，金钱方面的交涉也不会很多，“刷”地一下干净利索地结束。

相比之下，一方想离而另一方不想离的情形最费周折。为什么这么说呢？因为想离的一方觉得维持婚姻成本太高，而不想离的一方认为离婚的成本太大了。

女方希望离婚而男方不想离的情形中，男方最常见的理由有"离婚面子上不好看"。

在这种情况下，女方会考虑即使在金钱方面作出让步也要解除婚姻。

这么考虑的结果，很多人就会决定钱和财物什么都不要了离开那个家——"请让我走，我带孩子一起离开，再见！"

我听一个律师讲过这样一段故事，在一次离婚诉讼中，做丈夫的银行职员一边流泪一边诉说道："为什么我这么一个体面的银行职员要给孩子换尿布啊？"，真是令人哭笑不得。

我想那个男的因为是那样的人，老婆和他离婚是很自然的事儿，但是如果主审法官也是男的，或许就不大会觉得这件事有多滑稽了。

费心成本与经济成本

离婚时当然需要考虑对孩子的影响。原本夫妻二人需要联起手来，认真负责地思考怎样照料和关心孩子。

具体来说，两个人要认真商量每周见几次孩子，周末孩子跟谁过等方面的问题。父母和孩子之间保持沟通交流与离婚本来是两件事，而大家却总是把它们混为一谈。

比如双方已经再婚的情况下，确实有可能因为觉得麻烦而相互间渐渐疏远。

我刚刚再婚时，也曾经和第一任丈夫变得疏远，而在我第二次离婚之后关系又恢复到了原来的状态。这里面因为有父母和子女的感情问题缠绕在一起，所以不像单单是经济问题时那么容易干脆利落地加以解决。

我认为，两个人要想认真解决和孩子的关系问题，需要花半年到一年左右的时间和对方进行交涉。当然，互相之间会说对方不喜欢听的话，所以从费心这个意义上是需要付出成本的。例如如何解决改姓问题、监护权怎么定之类的法律方面的问题等等，需要花费大量的时间和精力。

从经济性成本的角度上讲，需要变更住所，有时还需要更换职业。做家庭主妇的人必须重新找工作，背了商品房按揭贷款的人还需要办理相关手续。

特别是大家都在说，买了独栋房子的人不能离婚。

独栋房子比起楼房来，在处置方面不但费事，弄不好的话还会剩下没有还完的贷款，所以很多时候在房子还贷期间会经常发展成“还是别离婚了”这种结果。但是，这点上忍了也不大可能会变得幸福。

有时我看到演艺圈的名人夫妻，老婆生孩子休产假之后复出了，我就在想："他们俩要离婚了吧？"即使充分考虑到有转换成本问题、优势劣势问题，仍然有人觉得还是选择离婚要好得多。

也有的人因为两人一天到晚在一起，看到了对方身上的很多毛病，而离婚之后又变得不那么忍无可忍了。像这样的情况虽然短时期内付出了巨大的成本和负担，但从中长期角度来看，付出那些代价选择离婚也算是正确的吧。

如果硬要维持一段婚姻的话，男方会在朦胧中隐约察觉妻子的态度，之后的发展很明显，他要么不再去接近你，要么形成家庭内的一种准离婚状态。

但也不能以此为由去外面搞外遇，结婚是一种非常严苛的制度，原本连婚外谈恋爱都不允许，因此会惹来很多麻烦。

所以，我历来认为，对于不幸的婚姻，双方就应当分手，给对方一次自由的机会会更好。

单亲父亲的那些事儿

最近经常听人说离婚后由男方抚养孩子的例子。离婚的原因大体上是因为妻子的出轨行为。

女人出轨的事情虽然比男人少，但不妨听听其中的原委，说是丈夫因为工作太忙，女人真的变成被丢弃在一边没人理睬的人了。妻子在家庭中的存在感被完全淡化了。

而往往越是这样的丈夫就越会溺爱孩子，他们会尽心尽责地呵护和照料孩子。妻子呢，尽管她为了生孩子牺牲掉了自己的很多东西，本应对丈夫是一个非常重要的人，但从得到孩子的那一刻起，他就对老婆几乎丧失了兴趣。

本来的话，孩子应当成为维系婚姻的有效法宝，然而这种法宝的功效对男人而言却直接跨过了老婆，只作用在孩子身上了。

这样的男人无一例外都非常爱孩子。对眼前的老婆，只不过把她们当作孩子的母亲来看待。

老婆寂寞难耐，觉得没办法了，于是到外面去寻找外遇，头也不回地奔向外面的男人身边，孩子则被前夫领走。

然而，即便是这样最终出轨的女人，也渴望获得自由。

出了轨有错的一方所站立的位置是很无力的，所以一般情况下当丈夫提出“付你分手费”时，不管是 100 万日元还是 200 万日元都不得不接受下来。

也就是说，这么做相比继续维持婚姻，之后时不时地被丈夫翻出老账抱怨的情况要好得多。婚姻关系归了零，并不代表从此见不到孩子了，我想这是一种觉得别无良策的考虑方法。

这种情况下，离婚后一般前夫很多不会再次结婚。

而让人感到不公平的是，离婚后谁在照看孩子呢？通常是孩子的奶奶。

当然，相比一般当爸爸的照看孩子方面肯定要多很多，他们每天会尽量早回家，给孩子吃饭，还带孩子外出旅行。

不过，说到谁在做日常家务和照看孩子，几乎全都是奶奶在做。

还有这样的有趣案例，照顾孩子的确实是上一辈的人，是由前妻的母亲、孩子的姥姥在做这件事情。前妻的母亲每周来家三次，做饭、搞卫生、照看孩子。前妻的母亲说自己就是想照看外孙，和自己女儿的事情无关。从单亲父亲的角度考虑，让前岳母照看自己的孩子比重新找保姆要方便不知多少倍。

撇开前妻，单亲父亲和自己的前岳母在利害关系方面取得了完全性的一致。我感觉，也许是不是只是我周围这样？上面所讲的情况类型最近好像变得多起来了。

也有完全由前夫自己一个人照顾孩子的。有这样的单亲父亲，他们首先辞掉白领的工作，完全变为自营业，自己一边经营公司业务一边照顾孩子，做饭也全部自己一个人来承担。人忙到这个份上不会有时间谈恋爱，所以很多人就选择一直单身生活下去。

给婚姻制度多些自由

不管怎么说，是否应该让婚姻制度和孩子解除捆绑是一个很大问题。

只是，希望大家绝对要记住，结婚以后，爱情“只能和自己的配偶进行”。不下这样的决心结婚是不行的。

然而，如今这种制度反而越来越成为了阻碍儿童数量增加的障碍，所以许多发达国家都在纷纷研究如何解除捆绑，推进制度改革。

因为结婚之后必须遵守的规则过于严厉，大家对于守规缺乏信心，所以人们选择不结婚也不生孩子。如果是这种情况的话，那么就解除制度中的捆绑部分，让大家都生孩子，对于整个社会来说就是一件好事。

日本社会现在完全没有越过这道坎。

很久以前的日本，有能力的男人曾经用自己的力量解除过那类捆绑。

经济上富足的人娶小老婆，而且切实建立起了家庭内部的序列关系。第一个老婆为正房，第二个老婆叫作Oharasama，大家组成了一家人。

当然，正房的地位最高，Oharasama 大人地位居其次。女人们之间肯定互相仇视，但因为争风吃醋打架，只会毁掉大家庭这个小社会的秩序，除此之外没什么好处，所以大家彼此还是互相合作的。

但是，现在的日本已经无法再回到那样的时代了。正因为回不去，所以有必要针对社会机制和风潮不断改革。

为了这个目的，我想必须从制度层面解除婚姻和养育子女的捆绑关系。

还有，不要将孩子的事和婚姻制度全都混为一谈，正如我前面讲过的那样，需要用各种各样的方法承认婚姻制度中应当提供一些多样化的选择。现在，这方面的自由度实在是太低了。

到现在为止，市场管制确实太过头了，所以一下子开放市场全面实现自由化也许会出问题。话虽如此，但我仍然认为应当进一步放宽管制。

在现代这个既不去相亲，连单位内结婚都会被说成是性骚扰的时代，我们应该认真思考一下，为了达到目的，管制措施真的有必要吗？

即便从前管制规定对实现目标曾经有益，时至今日，如果它们妨碍我们达成目标，我认为就必须对此进行改革。

第四章
受人欢迎经济学

为什么受人欢迎对男人来说很重要

男人为了留下自己的后代,就必须向女人证明自己有钱,有工作能力,能为家人确保各种各样的资源。

也就是说,男人要想受人欢迎就必须出人头地或从事某种工作才行。

只是长得帅是不能受人欢迎的。如果有一个人虽然贫穷但长得酷似福山雅治的话,跟他一起享受恋爱是不错,但要把他当作一个长久相守的对象,还是不可能的。

而且恋爱即便长久也顶多能维持两年左右,因此对于男人的中长期战略来说,与其追求长相帅,还不如靠磨炼自己,发挥出自己的能力将社会资源集中到自己身上,这才是让自己"受人欢迎"的正确战略。

事实上,大多数情况下"受人欢迎"的因素是由社会上的排序决定的,这么说也不为过。比起部门经理来,总经理会更受人欢迎。比起业余棒球选手来,能赚更多钱的专业棒球选手更受人欢迎。这种状况去夜店酒吧看一看的话便可以一目了然。

当然,体格很棒也不是一点用处没有。恋爱的过程是从女人想要留下谁的遗传基因以及和谁在一起才能过上安全的生活这两方面开始的。

不知是否因为这个原因，有的女人会被“唯我独尊型”的男人所吸引。的确，要想分辨出那些没有实力、只是虚张声势的“唯我独尊型”和有实力的“唯我独尊型”男人是很困难的。因为男人都喜欢炫耀自己，所以要想区分出唯我独尊的虚张声势和不顾及他人感受的自我夸耀是非常不容易的。

这就好比“既然是二手车，那一定有什么问题”的推论起了作用，二手车的价格都向质量最差的价格靠拢。

男人如果不持续发出“我很厉害”之类的信号，就无法保持自己在社会上的排序，就会被埋没在公司之类的组织机构之中。也可以说社会就是由这样的结构组成的。

所以，要掌握分辨真伪的方法是很难的，如果硬要说的话，那只能通过在实践中不断摸索才能办到。不管是从别人那里听说的还是自己经历过的事情都要记住，当遇到这样或那样的信号时，凭借经验判断它们是行还是不行。

用我知道的例子来说，有“什么时候都在吹嘘自己上冲刺班时成绩的男人是 OUT 的”，“吹嘘小时候怎么有钱的男人是 OUT 的”，“过了 30 还在炫耀自己学历的人是 OUT 的”。除了这些，在仓田由美女士的《爱上无赖男》这本漫画里可以找到很多事例，推荐大家把这本书当作一本事例集锦来读一读。

为什么男人总想成为雄性中的 NO. 1？是因为向往女人们能蜂拥到自己身边供自己挑选。资本主义社会正是利用了人类的这一本能才得以发展至今。社会和经济想要得到发展，“受人欢迎”至关重要。

然而，一个人即便在社会上获得了成功，但如果他不能继续受人欢迎，也会失去前进的动力。“如果不攒钱，就不能结婚”，“只要有钱就有女人自己送上门来”，这样的社会机制是需要的。

色情网页的存在是互联网普及的理由之一。确切地说，因为年轻男子缺乏去书店购买色情书刊的勇气转而开始在网络上寻找，这无形中成为了网络普及的开端。

色情对于萌芽期的互联网来说，冲击力相当强大。美丽的裸女可以随便看，这种现象也可以用“虚拟网络中受人欢迎”来解释。

抓住过去荣耀不放的男人们

从各种意义上说，“受人欢迎”可以通过努力获取。男人总是在为自己有多么受人欢迎而相互竞争。

如果明白了男人的深层心理中是这样想的，那么对男人的许多行为模式就几乎都可以理解了。觉得“为什么这个男的总在自吹自擂”时，那一定说明他是想对女人展示自己的社会地位。

男人的自吹自擂与身份偏见的问题微妙地联系在

一起。

如果社会地位排序只是由身份来决定的，那么第一阶层和下面的阶层是不会发生交叉的，但现在的社会并非如此。从根本上说，身份和实力之间毫无关系。

社会发展到实力主义至上的阶段之后，到那时为止由于身份制度而隔离开来的第一阶层和第二阶层人群便自然产生了混合。因此，大多数情况下，偏见便是在第一阶层中没有实力的人攻击第二阶层中有实力的人的过程中产生的。

高学历的白领一族看不起那些通过自己的实力获得成功的企业家，这种风气就是上述内容的体现。

过去，那些只因为出身名门就能轻松过上好生活的人，在现在这个时代，也会被普通出身的优秀人才所超越。所以，这些人就总想无病呻吟地叙说有关身份的话题。

爱炫耀学历或冲刺班时代模拟考试成绩的男人，是由于当时他们的地位是历史上最高的，所以不管到什么时候都想吹嘘这段历史。

我一直在说“要当心炫耀过去的男人”，但当女人没有意识到男人在炫耀时，有的男人便会说“她嫉妒我才装出一副不听我说话的样子”。其实，女人并不是在嫉妒，她们是对于夸耀过去的事情根本不感兴趣。然而，那些只会在自己自夸的小圈子内理解事物的小人们是不明白这个道理的。

男人和女人最大的区别，就在于男人“受人欢迎”是决定他在社会中排序先后的重要因素。

那些在是否“受人欢迎”这个实力决定一切的世界里吃了败仗的男人，只能一直抓住在校时的成绩、家世以及过去的荣耀等等不放。但是，在校时的成绩和排序并不一定能与现实社会中的成绩和排序画等号，所以这些人到头来往往都会很痛苦。

男人整体上都有一种倾向，就是有愿意听自己炫耀的女人在场的话会高兴地讲个不停，这样的人非常多。因此也才有了夜店酒吧小姐这样的职业。男人听到被可爱的女孩子说“好棒啊”的话会很高兴。

男人就是这样，如果没有人一次次地让他们确认自己的地位是排在靠前的位置上的话，他们是无法活下去的。

我以前有一次在给自己的朋友发新年贺卡时，将自己的名字写在了全家署名的头一行，结果惹恼了当时的丈夫。我倒觉得因为是我自己的贺卡，所以没什么问题，但被他说了一通“你要给我面子”之类的话。

我到现在才知道，这种很在意细节的男人占大多数，很多人都有着自己奇怪的规则和可笑的执着之处。

比如说，很多男人经常对老婆做的饭菜说三道四。味道做咸了、辣了、难吃，我觉得这么说非常不礼貌，他们是在用这种叫苦的方式来告知对方“我的水平比你高”。我觉得说“今天的味道有点怪”就已经足够了，但这么说大概满足不了他们的自尊心。

更有甚者，在别人家吃过饭后，真有人说“哎呀真香！我那媳妇做的饭难吃死了”之类话的，我觉得再怎么样也不该这么说。

我明白他们是想夸耀“一家人中我的地位是最高的”，但就算想确认自己的社会排行、想得到一种放心的感觉，伤害别人也是不对的。

在您的周围如果有这样的人，那要多加小心了。

受人欢迎的秘诀是自信

对于男人而言，“受人欢迎”是人生的目标，是心灵的养分。越是不受人欢迎的男人在意这些事情的倾向就越明显。受欢迎的人自然而然人缘就好，因此不会太在意自己排行第几。

因此，不受欢迎的男人都有着异乎寻常的自卑感，就是所谓的男人的嫉妒心理。如果变成个妒火很旺的人，那只会让周围人厌恶，女人也越发不会去接近他。

有个著名的命题，问的是“个子高的人为什么会受人欢迎”。是不是因为高个子没什么自卑感、而且充满了自信？这是一种假说。

经济学家饭田泰之先生曾经说过，人在少儿期时是否有过在一个受人欢迎的位置上的经历，对他日后是否会“受到欢迎”有着重大的影响。他说，男人在少儿期经历“受人欢迎”的高峰后，就会记住受人欢迎的感觉，日后便会继续他作为一个受人欢迎男人的行为模式，所以饭田先生说他们“即便老了脑袋秃得惨不忍睹也能受人追捧”。有的男人虽然长得并不怎么帅，却让人感觉什么地方显得一表人才，我想这便是他们出人意外受人欢迎的原因了。

不过，在少儿期一点都没有过受人欢迎经历的男人，不论他后来变得多么帅，也无法完全摆脱那种自卑和嫉妒的心理，正是由于这个原因，他们变不成很受欢迎的人。

有人称这和自尊有关系，但我想，还是人的自我满足感或自我兴奋感这类情感导致了一个人是否受人欢迎和业绩好坏。

只是对于男性而言最终还是会回到能获取到多少经济资源的问题上来，只要他没有因为不受人欢迎导致性格过度扭曲，就可以一定的经济方面的优势换来女人的青睐。这从某个方面来讲类似于狩猎。能说出“我打猎是很厉害的”的男人即便长相有些其貌不扬也会招引来很多女人。

电视节目的记者问外国的舞者：“受女人欢迎的秘诀是什么？”他们一开口便说：“Confidence（自信）。”通过锻炼练出一身健壮的体格是很重要，但首先还是需要自信。

这种自信或许可以说是毫无依据的，但只要有与常人差不多的信心就好，而不需要高出常人才行。反过来说，也不要刻意让自己丧失信心。

“非受欢迎不可”的想法只会弄巧成拙

被女人厌恶的男人都会过于想要显示自信，死撑面子，看上去非常勉强。

他们总是拼命炫耀自己所有值得吹牛的地方，所以看着才会揪心。

有人也经常说我：“你老这么说，可你不也总在吹自己吗？”我的情况说到底，只是从与广大读者建立相互信任的关系角度讲述自己经历过的实例，并没有炫耀的意思。我只是在向大家展示一些实际的例子，包括失败的例子在内。

当然，我也没有在日常交往中向他人炫耀自己写书的事情。因为总有人说我炫耀注册会计师的事，所以最近我也在有意识地回避这部分的话题。

喜欢炫耀的人当中最糟糕的并不是炫耀自己如何如何，而是拿别人的事作为夸耀的谈资。

大家有没有听到过像“我的朋友谁谁谁很厉害”之类的大话故事呢？这类神侃很是奇妙，根本听不出被吹捧的人与说话人是什么关系。而往往越是这类人，越有可能只不过是认识某人，实际上很多时候派不上任何用场。

“那给我介绍一下你这个很棒的朋友吧”，这么拜托一下的话，时常就会露馅——原来他和故事里的那个人并没那么熟。

我基本上不大相信别人的介绍。当然，我给别人介绍什么人时也都会经过慎重考虑。除非是特别信赖的人介绍来的，大多数情况下无论对于介绍人还是被介绍人来说，造成困扰和麻烦时居多。

或者，我会给自己定下一些原则，比如按商业规则走：没希望赚到钱的事情不介绍，用金钱无法算清楚关系的不介绍等等。所以，一起出去吃饭时，我会简单介绍同桌的人，但起码不会真的为了委托别人工作而推荐什么人。

男人为了受人欢迎而夸耀自己多么有实力这只是一个程度深浅的问题，但很多男人吹嘘自己过去有多棒或吹嘘自己的朋友有多牛，这类用错了方法的人真的让人很头痛。

还有一种情况，那就是用扯别人后腿的办法来抬高自己，很勉强地吹嘘自己，这样的人也为数不少。

特别是 30 岁以后的男人中，靠扯别人后腿吹嘘自己的人逐渐增多。

20 多岁时实力方面的差距还不是太明显，还会有“我要用自己的实力赶上去”的想法，但人到了 35 岁左右时，这个差距变得越来越无法挽回，于是他们就开始有意渲染自己实力以外的地方。

比如说，他们会以一种咄咄逼人的气势吹嘘一个本来和自己不太熟但获得了成功的朋友。

相比之下，男人无可否认更喜欢自吹自擂。

我认为这还是由于“非受欢迎不可”的心理在作祟。

而实际上，不要忘记言过其实的自吹自擂只会越发引来不受人待见的后果。

超级富有的企业老板们，尽管拥有几十亿上百亿日元的财产，也不会有意识去炫耀。这也许是因为他们在日常生活中随便聊买了一架喷气式飞机什么的，这类谈话已经达到了炫耀的目的。

参议院议员猪口邦子女士从上智大学考进了耶鲁大学研究生院，后来担任联合国缩减军备会议全权大使，是一位做出了协调统一各国意见的了不起业绩的人。我和她交往多年，却从未听她炫耀过自己的学历或职业经历的事，与那些洋洋自得说自己是东大毕业、官僚世家，然后自吹自擂说自己是“财政专家”的其他议员完全不同。

为什么受人欢迎对女人来说很重要？

说到为什么对女人来说“受人欢迎”很重要，那是因为它是能改变自己社会阶层属性的一次重要机会。

遗憾的是，即使女人拥有了经济能力，也无法达到男性那样受欢迎的程度。当然，比起完全没有经济能力的人来还是有男人缘的，但这只是一个相对优势的问题，这里所说的意思是，女人与其靠自己的力量打造经济实力，不如通过结婚抓住那些有经济实力的男人来得快。

对男人而言，与其找一个有经济能力的女人为她尽心竭力，不如自己挣钱更快更直接，所以靠结婚改变自己阶层属性的情况是少之又少。

女人即便为了获得经济上的成功而拼命工作，实际上也并不能得到多少回报。相比之下还不如慧眼识人，先期发现一个将来有可能赚大钱的男人并对他进行初期投资，这样做效率会高很多。或可以选择另一种方法，就是看中一个已经在经济上获得了成功的男人，然后参与到让他选中自己的竞争当中去。

与自己获取学历努力工作相比，上面提到的方法要快得多。

比如说，对一个以后像是能飞黄腾达的男人采取先下手为强的战略时，识人的眼力自然就变得格外重要，此外还需要有如何帮助男人等方面的策略。

的确，男女都需要有战略的支撑，但女人需要的是一些更加合作的战略。

只是最近由于男女共同参与社会的政策获得了进展，因此女人也可以选择普通的男人型战略。反过来说，男人也可以不再拘泥于以往的传统战略，选择传统上的女人型战略也不成问题。

也就是说，大家都有了选择各自战略的自由。

然而，一旦变得自由，选择的范围就会变大，所以反过来会迷惘痛苦，不知该如何选择才好。正因为如此，现在演变出了一种将男人型和女人型结合在一起的相当混乱的混合型。

比如说，女人到30岁之前追求职业生涯，过了30岁便开始把目标转向恋爱和结婚，她们会突然变得想有男人缘。

因为这个，所以现在的女人们非常忙碌。

看一看女性杂志，就会发现类似“想有男人缘，也想工作有收入”这样不可思议的专辑非常多。女人们的价值观正在频繁地变来变去。

此时，“贪心女”就变成了一个关键词。意思是说贪心不足的女人想要一心二用，同时做好两件事情。而且，我感觉差不多每五年一次，她们的价值观就会发生周期性的巨大转变。

所以，我经常会受到很多人的指责。我的观点是“想模仿的人尽管去模仿好了”，但越来越多的人想要什么都学别人，还硬要做那些不适合自己的事情，所以她们会没办法坚持下去。

比起从前来，现在的女人有条件采取更多样化的战略，所以战略性十分重要。

可以选择在传统女人的战略基础上，让有能耐的男人看中自己，也可以选择新近涌现出来的培养男人有能耐的战略，甚至可以采取所谓的男人型战略，自己去挣钱。

与此相反，男人也可以采取传统女人的战略。只是出外赚钱的女人在数量上还是少数，因此对男人来说，这是一个选哪种战略竞争起来更省力一些的问题。

简单来说，就是如何把握成功的概率和自身努力的问题。

重要的是内心和外表的均衡

女人无论如何都离不开美丽外表的话题，但怎样才能支撑男人这一功能也很重要。从真正意义上讲，我们思考“受人欢迎”这一问题时，需要将这个功能包含在内进行综合考量。

夜店酒吧小姐之类的职业里，女人确实需要是个漂亮妹妹，但去那里的男人基本上都是想让对方倾听自己诉说的，所以“称呼对方的名字、认真倾听”这条银座的老规矩就显得尤为重要。

所谓夜店酒吧的功效，就在于那里有个像小阿姨一般的“女主人”来认真倾听客人说话。虽然不能和吉田兼好相提并论，但“女主人”会认真倾听客人心中的五味杂陈以及他们在日常生活中纯属个人的那些琐碎事。

女人为了受人欢迎而制定战略时，内心与外表的均衡尤为重要。不仅要外表光鲜，内在的东西不好好磨练也不行。

男人为什么想受人欢迎呢？有想让自己的生活稳定的因素，或为了繁衍子孙，还有想让别人认可自己，想受人欢迎的因素多种多样，所以并不一定外表美丽，第一眼印象方面的因素就能决定全部。

不如说，经过了长时间交往之后，内心品质方面的因素分量更重一些。

艺人 Becky 女士是个貌美之人，她不但在工作上，而且在人际交往上都非常努力。我跟她见过几次面，感觉到她对对方特别用心周到，性格方面也特别乖巧。我觉得 Becky 女士人气旺的秘密，外表以外的因素起了非常大的作用。

所以，我们不得不思考究竟什么是内在的一面呢？所谓内在的一面，就是对他人竭尽自己所能的那份心。

所谓心，包含和别人怎么聊天说话，也包含所有与别人的沟通交流，当然其中也包含性爱等等。

反过来想，采用男人型战略的女人都是些什么样的人呢？

在当下的日本，虽说站在一个组织机构的最顶端泼辣能干的女人还属于少数，但这样的人的确是有。不过，要说这样的人是不是受人欢迎，很难说清楚。如果硬要说的话，那么希拉里·克林顿是不是很受人欢迎呢？现在的日本社会里，身为女人与身为一个组织机构的最高领导这两者之间出现了观点上的分歧，成为了一个非常棘手的问题。

我从一位法国的政治学家那里听说，在法国，大家普遍认为女政治家应该是一个"绝了经"的人比较合适。意思是说，一个走完了恋爱、结婚、生孩子全部过程，已经让人意识不到性别差异的女人作为政治家或领导者十分合适。而一个还未"绝经"的女性，选民们或许无论怎样都会受到她作为女性这一属性的过度影响。

在日本，还没有"绝了经"类型的女政治家，田中真纪子女士的感觉比较接近这个类型，但她父亲的影子总在她周围若隐若现，给我感觉与那种形象之间还是存在不小的距离。还没有出现像玛格丽特·撒切尔夫人那样的"铁娘子"。

当然，撒切尔夫人也是一个"绝了经"的人。

莲舫女士是一个完全没有"绝经"感觉的女政治家。她甚至还能作为模特出现在时尚杂志中，所以作为一个女人，她的女人属性还是相当强烈的。

所以说，这其中的平衡很难掌握。

另一方面，像日本这样男女差异越大的国家，女性战略会越容易奏效。而女人如果“绝了经”的话，这个战略也就无法继续使用了。

因为人生就是一场生存争夺战

其实困难的是今后我们要在对等的男女关系中追求如何才能“受人欢迎”这一主题。

从这个意义上说，怎样才能达到受人欢迎，各种不同的途径问题就显得非常重要。

“我是这个组织机构的老大”或“年轻人都听我指挥”，这类炫耀的话全部都是为了赢得女人青睐的材料。

吹嘘自己的前女友也是同样一回事。自己曾经处于某个金字塔式梯队的最顶点的经历是形成男人自信心的原始体验。

恋爱是指某一个人彻底认同自己的一种状态，这是形成男人自信心的源泉。这种状态不仅仅只发生在男女之间互相喜欢或不喜欢时，它也是和来自更大群体的或来自社会的认可联系在一起的。

大家经常会聊到一个关于工作有没有干头儿的话题。所谓干头儿，意思就是大家是不是重视自己、对自己好的问题。人们通常以一种自夸的形式告诉自己：“我这么受大家重视。”

一般的人也许自己心里感受到这一点就足够了，没必要总把它挂在嘴上，但对于还没什么自信的人来说，为了让别人认同自己他们还是会说个不停。

要问为什么有钱人从趋势上看更加长寿，是因为他们能得到很多类似那样的心灵养分的缘故。

上了岁数的有钱人会得到大家对他很好的照顾，周围的人为了金钱会这么去做。我不知道有钱人是不是都是品格高尚的人，但大家都会对他很好这是事实。

在第一章介绍过的《超级魔鬼经济学》这本书中，记载了这样的一个调查结果：父母中越是有很多遗产的，他进养老院后子女来看望他的次数就越多。

所以说，金钱就是一种诱饵。

每个人获取这个诱饵的手段是否高明决定了他在金字塔梯队上的站队位置，所以这不是靠说漂亮话就能怎么样。出手大方不惜散财的人一定受人欢迎，而抠抠索索想独占诱饵（金钱）的人往往不招人待见。

但是，这个时候如果为了维系一个组织或派系的利益而勉强自己去做超出自己身份和能力的事情，就会因为用钱过度而导致自身的破产，最后落得一个无人理睬的下场。这种人常常会误解别人的意思，他们会这么唠叨：“这些人明明是冲着我的威望汇拢到我的麾下，可为什么钱没了人就都散了呢？”

确实，人品威望也不是一点用没有，但只占所有因素中的大概 0.001%左右，剩下的 99.999%左右都是金钱在发挥作用。所以才有了“无钱之日就是缘尽之时”这种说法，可大家实际上在这方面的确很天真。

在我看来，我会想为什么大家都不能冷静地看待金钱呢？

如果说 C 套餐比 B 套餐贵 500 日元的话，一般来讲 C 套餐是比较好吃的。自己明明只值 B 套餐的价，却希望别人把自己当成 C 套餐来对待，这种想法很可笑。

人生其实就是一场生存争夺战。

正因为如此，“这个世界说穿了只认钱”。像这样保守地去认识这件事的人还好，但有的人要是忘乎所以，误以为大家是受到了自己人品威望的感召而聚集到自己周围，那就会引发悲剧。

比如说，员工们之所以会跟随总经理走，目的还是为了钱，是为了工资这个生活方面的保障，为了安全方面的保障，为了人生的满足感。如果这些目标都得不到提升，是不会有人跟着总经理走的。

的确，有出色经营理念的总经理其人格魅力也不是说全都为零，但光靠这一点，员工们是绝对不会紧跟其后一起打拼的。

美容整形的功与过

不论男人还是女人都必须思考一个问题，那就是自己的珍贵资源应该投资到什么地方才能最终达到“受人欢迎”或得到社会承认的目的。

如果是一个超级擅长做家务和照顾孩子的男人，那么与其努力工作还不如在这方面加大投入效果更好。

女人也是同样的道理，如果在做家务和照顾孩子方面不擅长，又何苦往这方面投资呢？从前的社会机制对于女人做家务带孩子绝对有利，但现在情况不是这样了。

现在社会上因为有人否认“想有钱”和“想受人欢迎”的事实，所以一切才变得走了样。

抛弃私欲当然很重要，但作为一个普通人，想要摒弃不必要的欲望，认可所有人，不排挤别人，达到这个境界非常不容易。我也常说要摒弃三毒一类的话，但事实上一点都没有从苦恼中解脱出来，浑身仍然尽是俗不可耐的味道，充满了毒素。其实这才是人本来的样子。

但我想也不能光凭这一点就让苦恼一发不可收拾，而是需要对投资的性价比进行理性思考。

如果自己变美的话，是不是就能从众人之中脱颖而出呢？美容整形就属于这种战略之一。前些天我也在网上看了一圈最近炒得很热的一个专门对好莱坞名人整形前后的相貌进行比较的网站。

比较照片后我意识到，将负数整为零的那种整形也许确实还不错。

这些照片中主要做的都是丰胸或割双眼皮，丰胸对于那些“如太平洋”这个字面意思描述的人来说也许有必要。对于女人来说，不需要戴文胸是一件无法接受的事情。每天要是都必须品尝那样一种心情，选择丰胸手术也并不是一件坏事。

但是，有些人并不是将负数整为零，而是原本就算得上漂亮的人为了变得更美在做整形。这类整形很有可能失去原来具有的优点，因此实际上风险会非常大。

缺陷越大的人整形效果越好，高于平均水平的人整形风险就会增大，所以，如果不是比平均水平差很多的话，还是不要去的好。好莱坞明星中确实有绝世美女，但也有不少后悔做整形的人。

毁掉自然的东西，会伴有很大风险。特别是随着时间的推移，人的整个身体会逐渐发生变化，而整形过的地方是不会变化的，因此日后会显得非常不自然。

相反，真对自己的某些部位不满意的人，通过整形恢复到平均值左右，只要自己有“比之前好多了”的满足感，那么即便时间久了样子有了一些变化也能接受。这就好比说丰胸后的B罩杯哪怕看起来有些不自然，也比永远忍受搓衣板似的平胸强。

一部分不讲道德的美容整形外科医生就是瞄准了人们的这种心理，进行所谓的自卑疗法，必须小心提防。相貌处于平均水平的人整形的风险很有可能加大，也需注意才行。

但是，技艺真正高超的美容整形外科医生也是有的，所以如果是为了修复自己外貌上的缺陷，整形也并不是什么不好的选择。只是要真正理解整形带来的风险，认真思考是不是要冒这个风险之后再作决定。

我们也必须考虑为了整形打算到底花多少钱的问题。不用说，永久性付出高昂的维护保养费是必需的，而我们不能为整容无限期一直埋单。

人对自己外貌缺陷的认识，有时只是自己那么想，在别人的眼里有时可能是一件微不足道的事情。

所以还是听听别人的意见没有坏处。不是说非要蒙眼测试那样，但还是让一个不认识自己的人在不做任何提示的情况下让他观察，而后给出一个比较客观的意见，这样比较好。

像我的情况，如果不是有人对我说我的鼻孔有点大，我自己丝豪没有察觉。

但是，自己却在想，鼻孔大有什么问题吗？

为什么减肥坚持不下去?

减肥坚持不下去的最大理由,就是不会做压力管理。

说到底,人为什么会吃的太多?就是为了缓解压力。

食欲是人类根本性的需求,我们甚至可以认为食欲是一种比恋爱还要强烈的需求。

绝食是一个自己故意放弃幸福的行为,所以吃总比不吃强。说到这里,就说到了一个如何吃精吃好的问题,但实际上要做到这点很难。不要只管闷头猛吃,而要在合适的时间正常地吃合适的东西,这件看起来理所当然的事情实际上做起来很不容易。

受人欢迎的人,应当也是一个健康的人。比起在电视杂志上看到的样子,见到真人时感觉更漂亮或更帅气的原因,基本上是因为他们都是有着健康美的人。

为了受人欢迎,在美容整形之前有一副健康的体魄才是根本。所以我想,在您准备为美容整形努力之前,是不是可以先尝试一下一般性的健身减肥方法呢?

不论男人还是女人,只要身体结实没有赘肉,即便同一张脸也会受人欢迎。是不是单眼皮,有没有胸,都没有太大关系。

这里其实并不是让大家不管三七二十一都去减肥,也不是让大家成为肌肉男，我是说要避免暴饮暴食，适当进行体育锻炼，这点事情不去健身房应该也能做到。

要问为什么健康的人在社会上会有人气？那是因为健康是一个人是否努力的一种标志。通过它可以看出一个人是否能长期坚持努力奋进，这可以从他的受欢迎程度上反映出来。在美国的企业中，胖人会被认为不会自我管理，一般在面试中都会被刷下来。

美容整形确实让人轻松许多。然而，除此之外还存在许多替代方案。只是这些替代方案大多需要经过长期不懈的努力，非常辛苦。相比之下做美容整形确实是一个方便快捷的方法。

但是，我们也必须理解这个简便方法伴随着某种巨大风险。正如经济学中“天下没有免费的午餐”这句名言所讲的意思那样。

例如，没有做手术部分的肌肤会随着年龄的增长产生劣化现象，但手术过的地方却并不会劣化，因而造成整体方面的失衡，情况会越来越朝着有问题的方向发展。

那么要问我是不是推荐大家减肥？我不推荐，因为坚持正确的饮食生活和正确的运动方法就可以了。最好的减肥方法就是坚持按上面说的做，自然而然达到减肥的效果，而不要强迫自己进行一日一餐式的减肥。

“这个减肥方法我能坚持做一辈子吗？”您可以这样自问自答一下看看。自己的身体就好比经过长期不懈的努力之后得到的一份成果证明书。反过来说，如果不是那样一种身体的话就失去了应有的含义，所以不合理的减肥方法或缺乏慎重考虑的整形都不好。

所以减肥需要下相当大的决心，要对自己有一个正确认识，还要静下心来认真去做，不这样的话是没有希望成功的。减肥需要的是坚持不懈的努力，但大多数人走到一半便忍耐不住了，过大约三个月便又开始大吃，体重出现反弹，到头来要么变回原样，要么变得更糟糕，如此不断重复着同一个过程。

社会上想毫不费力就变得有人气的人不少，想轻轻松松开始减肥的人也很多。然而“天下没有免费的午餐”，抱有那样想法的人，等待他们的是体重反弹这一负面回报。

从根本上讲，想要变得受人欢迎，就必须保持社会意义上自身行为的正确性才行。

就是说，如果想要受人欢迎就要行得正坐得端，例如：不撒谎、早起、锻炼身体、吃有营养的东西、做对社会有益的事情、发挥自己的长处等等。

认真做这些事情的人，就可以拥有了自信。拥有了自信之后就会有很多说“请和我做朋友”的人出现在你面前，自然之间你就会变得受人欢迎，因此也不用特别讲什么让人倒胃口的自我吹嘘的话，因为对方会主动跑过来对你说“我想和你做朋友”。

然而，在这个世界上，同样的一件事还是有做得到和做不到的人。做不到的人是因为他们看不到长期回报，他们如果没有在短期内看到结果，便会立刻沉不住气，急于求成，抓住过去的荣耀不放或选择轻松简易的方向行走。

这种人经常说“过去是对的，现在的社会都是错的”，他们用这样的方式将改变自己的努力抛到了九霄云外，把失败的责任推给周围的人，自己可以很轻松也用不着花钱，所以能恢复平静与安宁。

但是，这样的人大概一辈子也做不到受人欢迎。

这里，让我们来总结一下什么是“三毒人气”：

毒①　夸自己老本

毒②　不合理的减肥

毒③　随随便便的美容整形

我绝不是在否定美容整形本身的价值，对于那些把自己有缺陷的部分恢复成平均水平的正当需求，我认为合情合理。

只有“随随便便的美容整形”我认为不对，应当尽量避免。

恋爱是终极版的圣经

“受人欢迎”是推动社会进步的原动力。

用“受人欢迎”这个词也许不容易理解，但包括恋爱在内，所谓 animal spirit，指的正是人们想要得到别人的承认，让别人认可自己，让自己变成对方不可或缺之人的需求。

这其中最容易理解的就是除了金钱以外的效果。

有钱就会有跟随者，而有跟随者这件事有时对当事人而言会产生无比的价值。

在资本主义社会中，对自己来说毫无疑问确有价值的事情中，有哪些在别人看来会是毫无价值的呢？经常思考这样的问题，其实才是一种正确的战略。

拥有无价的人际关系的人，很多都是能利用它在有价的经济活动中创造价值的人。

为无价的关系投入的金钱，就是以这种方式进行回收的。

只是无价关系的基础并不会因为花了很多钱就一定能形成。从这个意义上讲，也许无价的东西真的非常昂贵。

宗教也许就是其中的一个例子。宗教的目的虽然是为了引导人们如何去做人，但宗教在其系统中的地位，并不一定只由金钱来决定，话又说回来，没钱的话更无从决定，这里面的关系非常复杂。

顺便说一句，大家知道柏拉图式的爱情是把一神教的对象替换成恋爱后打造而成的吗？在近代的欧洲，由于神已经死了，因此恋爱作为神的替身来到了世上。

柏拉图式的爱情就好比是一神教的孪生兄弟，在这种信仰里，女人代替了神的位置，它要求对这个女人绝对忠诚。

近代以后的爱情，曾经比较符合资本主义的发展需要，有时也作为死去神灵的替身而存在。

1938 年（昭和 13 年）在冈山县发生了一起被称为“津山连杀 30 人案”的大屠杀事件。如果说这是电影“八墓村”原型的杀人案，可能大家就都明白了。案犯是一个年轻人，与居住在村里的几乎所有女人都保持着性关系。他是一个肺结核患者，体弱多病，虽然不是什么帅哥，但在资本主义化之前的冈山，这样的男人也是能和多个女人发生性关系的。

从前是性爱在先，在包含对性爱感受在内的沟通交流中感觉合适的两个人选择结婚成为夫妻。是性体验在先，结婚在后。

但是，这样就等于在干活之前就把诱饵送给了男人，对于女人来说就失去了让男人使出 120 分的力量来为自己效力的手段。

为此，社会上就逐渐形成了一种男人如果不结婚就不能做爱的机制，男人的色情能量慢慢被引导到需要付出过度努力的方向上来。柏拉图式的爱情也不能与社会上的这种发展趋势分开来进行认识。

因此，近代以后的恋爱程序也尽可能被设计成了只有努力的人才能受到异性青睐这种模式。

现代社会为了维持自身的稳定，让男人们拼命工作，编制了一个能让那些为整个社会做出贡献的人更吃得开的程序。

也就是说，这个世界是按照男人为追求更吃得开而努力工作，其结果带动社会经济的发展这种逻辑设计而成的。

我们生活的这个社会早已形成了这种格局，所以不管我们怎样去评价它的优缺点都无济于事，我们只能顺承这个前提。

如果有人问我："恋爱到底是什么？"我会回答："恋爱就是终极版的圣经。"

第五章

为获得幸福的恋爱经济学

不妨对社会行为准则表示怀疑

一项新的社会行为准则从开始实施到完全稳定、扎根社会的各个角落，大约需要一代人的时间。

在我们讨论价值观或社会制度的问题当中，现在对于我们来说很多理所当然的事情，在上一代人的年代里却不是那样。

生物体当然都能不断适应环境变化，所以我们本应不断去适应不管是社会制度上的还是恋爱机制方面的种种变化。如果我们没有及时适应这种变化，社会就会用少子化这种形式来反击我们。

反击到来之后思考一下，就会发现此时的社会常识也好机制也好，都与之前的环境太吻合了，所以这时才会变得跟“没味的茶水”似的。

法律正是“没味的茶水”的代表。

的确，旧的社会行为准则可能以前发挥过积极作用，但我们必须思考这样一个问题：这些规范是不是成了当下阻碍社会发展的绊脚石？

不久前，社会上还在说“男人不下厨”、“妻从夫命”之类的话。但最近，不论反观哪个社会调查，从结果上都能看出，推行男女共同参与社会的政策会提升国家的竞争力，让大家都变得幸福，而幸福指数提升可以使人的一生工作计划均衡性更好。

这只是一个说明了旧的规范已经没有什么用处的例子。

现在的社会上，存在着很多类似“男人不下厨”之类以不符合时代潮流的常识为前提制定出来的法律和制度。比如，个人缴税方面的配偶减税项以及第三号被保险人的问题等等。

一般来说，少子化现象标志着社会整体活力的下降。我们必须意识到少子化日趋严重的现象说明了我们的社会正在患上某种疾病。

也可以说这是一种社会整体方面新陈代谢功能降低的表现。

一个生物体如果生了病，它会通过自身免疫系统攻击病原体，治愈疾病。同样，社会生了病也会动员起免疫功能，比如爆发革命之类，“轰”的一下发一场高烧病症就会治好。社会上会出现一些立志治世的人，世态变换、峰回路转之后，社会将会呈现出一种适应环境的新形式，重新恢复到正常的状态。

但是，这种情况在当下的日本并没有发生。

这是一种奇特的状况。这其中也有大量因循守旧的老一代人覆盖在整个日本社会之上的因素，给我感觉整个社会的活力在下降。

比如说，现在的结婚制度中，某些方面也比较过火，从某种意义上说是一种将男女双方五花大绑的情况。对已婚的人来说，如果稍稍做了什么出格的事，就会像宗教审判那样一定是原告获胜。

影响最大的是通货紧缩被长期搁置的问题。

通货紧缩长期持续的结果导致了经济不景气的长期化，使大家的心气越来越萎靡不振。人心一旦发生了萎缩，人们对于恋爱的态度也会变得消极。

这样，实际上如果从制度方面像应对通货紧缩那样进行制度改革，使人们能自由地恋爱，自由奔放地生活，不但能大大增长消费，还能增加人口，经济也能得到进一步发展。

因此，我认为一个没办法让通货紧缩停下来的日本，和一个不许人谈恋爱的日本，这两者都是不正常的。

其原因，简单来说就是差钱的问题。

通货紧缩，使社会整体上缺钱，其中尤其是正值谈恋爱年龄的年轻人最缺钱。而且，由于恋爱费钱这种陈腐机制如今依然如故，使大家对恋爱下一站的婚姻到底有什么好处都变得概念不清、希望渺茫。

结婚是有各种各样的好处，但在人们经常传说的好处当中，大多数其实都是可以在便利店等地方找到替代品。例如，太太不给自己做土豆炖牛肉也可以在便利店买到，即便是性爱只要花些钱也可以得到满足，想洗衣服什么的也有投币式自动洗衣房可以帮你搞定。

可是,人过了35岁以后大家才都开始着急:“老这么一个人不妙!”实际上为时已晚。正因为35岁到40岁左右结婚的人多了起来,少子化的问题才变得愈发严重。这个时候再想生孩子,顶多也就一个到两个,即便努力了也生不出孩子的人也是很多的。

如果两个人没有孩子也能一直恩恩爱爱过日子还则罢了;然而,爱情一朝降温以后婚姻便失去了原有的优势,就会导致两人离婚各奔东西。即便有孩子的人也有可能分道扬镳,那么没有孩子的夫妇想分手就更不在话下。

社会行为准则只不过是上一代人之前的东西的一种展示。“我在遵从社会准则,所以不存在问题”,这样的想法还是丢掉为好。

话虽如此,但它并不意味着我们就可以做任何与社会行为准则背道而驰的事情,还是要用自己的大脑仔细思考一下才好。

现在是怀疑一下现有的社会行为准则是否已经成了“没味的茶水”的时候了,应该意识到很多人之所以痛苦,或许是因为他们死死抱住“没味的茶水”不放的结果。

识时务者为俊杰或为政者性善论之类的论调是骗人的;此外,对于像“传统的行为准则都是正确的”、“不听老人言吃亏在眼前”、“领导讲话总是在理”、“位高权重的人总是会为民着想”之类的谎言,我们切忌不要笃信无疑并死死抱住这些陈腐的旧观念不放。

一切都应当责任自负

人为什么会仰仗他人呢？原因是用不着自己动脑筋。自己不动脑筋的话就可以把责任推给别人了。即使失败了，事后也可以找理由说“是标准不好”、“我上别人的当了，是个受害者”。

美国心理学家巴纳德·怀纳在 *Human Motivation* 一书中，对于有成功与努力愿望的人和没有这样愿望的人之间存在的差别进行了归纳和总结。他说，愿望是指一个人为了取得成功以及为了避免失败采取的行动之和。

为避免失败的行动力度大的话，则愿望会下降。将自己或别人追求成功或避免失败这四组要素按 2 x 2 的格子排列起来，就形成了一个四象限矩阵。

愿望强烈的人，成功时会想“因为自己努力了”，若是失败了则想“由于自己努力不够”，会进行自我检讨。

相反，书中说没有愿望的人不论是成功还是失败，都反映不出和本人努力与否有什么联系。特别是在失败时他们会想“不是自己不够努力，而是天生就没这个能力”。这么想问题的话，他们认为自己原本就没有能力，从某种意义上说并不是自己的错。

此外，想获得成功的动机很强的人喜欢挑战成功率

50％左右的事情，但不会对一些成功率过低的事情做出什么行动。另一方面，想避免失败的动机很强的人对成功率50％左右的事情不感兴趣，他们倾向于挑战成功率相当低或相当高的事情。

想获得成功的动机很强的人，会选择与自己实力相适应的任务，追求成功时不靠运气。相比之下，想避免失败的动机很强的人如果选择了符合自己实力情况的任务的话，一旦失败就会牵扯到自己的责任，所以他们要么会选特别简单的，要么就是特别困难的任务来做。

这种理论也可以应用到恋爱方面。受人欢迎的人都是愿意努力的人，是乐于挑战的人，不论多少次都会去恋爱（猜拳）的人。

他们即使失败了也会认为是自己的问题而进行改善，不断努力。例如，是不是约会时说话的内容不太好，服装是不是有点老土，约会之前接近对方的方式是不是很失败等等，他们会反省和思考自己的问题。

而不招人待见的人和垃圾级的人只会说"那家伙的性格太差了"之类，把责任推到别人身上，所以他们会一直长不大。

什么事都赖到别人身上的话，也许本人会很舒服，但那样一来任何变化都不可能发生。为了能受人欢迎，还是改改这样的想法为好。

在恋爱这件事情上，我们必须有这样的决心，那就是无论什么事情都由自己负全责。

总之，要暂且把所有事情都想成是自己的责任，对那些在旁人眼里无论如何都不该由自己承担责任的地方，才应当少许加以扣除。这样的态度才是能取得恋爱成功之人的思维方式。

而越是那种垃圾级的人越不会承认是自己的错，他们要么赖到别人身上，要么认为本来就不可能然后放弃。人本来应该从这些失败中学到更多东西，实在是令人惋惜。

也有人会辩解说："从一开始我就把他（她）当成朋友来交往的，所以进一步发展是不可能的。"

这么说是"不想受伤害的人"和"不想失败的人"的典型。

恋爱是必需品还是奢侈品？

恋爱是需要花费成本的。

现在都说年轻人由于不具备经济方面的资源，因此他们会把恋爱当作是一种奢侈品来看待。

的确，比起恋爱来，如果人们不优先考虑自己的衣食住行，人是会死掉的。"衣食无忧而后思淫欲"这句话真的一点没错。

那么，是不是通货紧缩或不景气的情况不结束就不能谈恋爱了呢？有时候人都会这样想。泡沫经济时期，无论什么人都认为每年好像都可以出国旅游，那时的经济状况就是这么好。当然，那时大家也都在疯狂地谈情说爱。

那个时候，年轻人都沉浸在恋爱至上的生活中。所以，有人说现在40多岁的人仍然精神十足是因为有那个时期的经验。

Tullys coffee Japan 的创始人、现任参议院议员的松田公太先生和我同是昭和43年（1968年）生人，现在40出头，他曾跟我说："30多岁的人一点精神气儿都没有，我们这一代人不加油是不行的。"

青春期里有过承担风险体验的人，之后当他们再次面对风险时，就能做到冷静盘算、沉着应对。

这种体验换成泡沫经济时期恋爱至上的经验也是完全行得通的。"我肯定会车到山前必有路的"，即使像这样毫无依据的自信也比什么都没有要强得多。

但是，从年轻时开始就被迫生活在一个好像干什么都只会失败的环境里的人，他们自然会变得害怕担风险。这从统计数据来看也是基本可以肯定的。爱情这个东西是向自己身边人倾注的一种情感，像亲情或夫妻之情就是例子。然而，恋爱不是这样，恋爱是以随机的偶遇为大前提。

如果没有恋爱，无论人类、社会还是资本主义都无法继续发展。

从长远来看，具有同一血脉的亲戚间重复通婚的话，从遗传学角度来说会因为体质孱弱而死去。

从这个意义上我甚至想，这样下去日本人能否存续这个问题本身是不是就已经很危险了？日本人大多都只和日本人结婚，而且在同质化的团体中结婚的人占大多数，情况真的很不妙。

大家都汇聚与执着于某种特定的价值观，总有一天所有人都会死掉。

每个人都应当变得更加多样性，人和社会都应当变得更加多样化。

建议选择自立型的恋爱

自立型恋爱，就是不依靠别人而进行的恋爱。

意思是说不靠撞大运，而靠自己的力量去实施恋爱这个猜拳游戏，不被一般性的常识所束缚，用自己的头脑去思考并做出应有的判断。

商海创业风险很大，相比之下自立型恋爱的风险并没有那么高。

交往后，如果感觉“这家伙要坏事”，那就赶紧脱身就是了。

但是要想实施自立型的恋爱，脑子里必须要有自己的逻辑，这个逻辑也可以换个词称为自信。

脑子里如果没有这些，自立型恋爱就无从谈起。

首先要有信念，通过一步一个脚印的实践活动，自信也许就会伴随你的左右。有了自信，也许就可以实施更加自立型的恋爱实践。简单来说就是一种相辅相成的作用。

首先，要改变自己之前有关恋爱靠碰运气、靠偶遇或天意的旧观念，试着实施自己设计的战略看看是否能行得通。那些读了这本书开始醒悟到是这么回事的人，需要再向前迈出一步，只要怀着真想去爱上一个人的心，情况就会慢慢好转。

这样做了之后，剩下的就是去享受宝贵的恋爱了。

热恋哪怕过去了，还会留下亲情或夫妻情。所以，应在更长的范围内扩展并理解恋爱的定义。

为了把生育期男女的 DNA 混杂在一起的恋爱是纯粹狭义上的恋爱，我们现在抛开这个概念不提，一起来思考一下更接近情爱意义的广义恋爱。

即便不是从性魅力方面喜欢对方，但在一起很快乐，愿意为对方付出，对方为自己付出时感到很感激，那么就已经是很棒的恋爱了。

在美国，小孩会对母亲说“I love you”。这时的 love 当然不是恋爱的意思。

Love 的定义非常广。单说“恋爱”这个词时，就是单纯为了混杂 DNA、最终达到性爱目标的一种情爱机制。

我们是否应该以一种更加开阔的视角去谈论与上述不一样的一种恋爱呢？

建立一个无论多大年龄都有机会恋爱的社会

虽然这本书的题目是《恋爱经济学》,但实际上你也可以认为这本书讲述的是"爱情经济学"。

即便是完成了养育子女任务的老年人,也有权利永远享受广义上的恋爱。

但在这个国家,抛弃自己恋爱权利的老人实在是太多了。忘记了怎么去爱别人的老人们,就聚集在那些置通货紧缩于不顾的日本银行里、让年轻人和孩子们吃苦受罪的政府机关里、能轻松赚钱的接纳退休官员的养老团体里以及把持着既得利益的大企业里。

他们将已经变成"没味的茶水"的传统价值观强加给年轻人,然后大骂他们:"太不够努力了!"因为不能继续恋爱的老人们,除了把年轻人拽下来之外,已经没有别的方法来抬高自己了。

如果日本能变成一个让不会恋爱了的老人们重新开始恋爱的社会,那么现在让日本头痛的那些问题不是就会得到解决了吗?反正他们都已经是"绝了经"的人了,我甚至想对他们说,你们别在意出轨什么的,想爱就去爱吧。

但是,越是在政府、日本银行或接纳退休官员养老的团体里聚集的老人,越是会过度在意社会行为准则如何如何，所以我想才会变成现在这种左也不是右也不是的状况。

我常常在想，“恋爱是经济活动的一部分”这种说法欠妥，应该说“恋爱是经济活动的上位概念”才对。

我思考的是经济活动是恋爱的一部分。

已经反复论述多次了，经济上的成功最终都会收敛到“受人欢迎”这一点上，这就是胜间的理论。

“让老人们再一次去恋爱吧！”我想这也将成为拯救日本经济的一个切入点。

为了让大家都变得幸福，我们必须建立一个无论多大岁数都有机会恋爱的社会。

访　谈

秋 元 康

VS

胜间和代

秋元康　简历

现任京都造型艺术大学副校长，日本放送作家协会理事长，日本音乐著作权协会理事。

胜间:我想起写这本书也是因为得到了秋元先生的建议和鼓励。您那时对我说:"胜间,写写这个怎么样?"题目是高尔夫和恋爱对吧?

秋元:为什么我选了那两个题目呢?因为对于什么都像是能做到的胜间和代来说,那两个好像都不大拿手。打高尔夫,胜间是从零开始的,如果写写怎样才能从零起点打进100杆以内之类的即时报道,我感觉应该很有意思。

但后来还是觉得恋爱的题目更有意思。恋爱不是学出来的是吧?胜间和代一直是个通过学习来增长自己技能的人,所以如果她明白了"恋爱是学不会的"这一点,那不是太有意思的一件事了吗?可是……

胜间:可是?

秋元:读过之后让我感到惊诧的是,恋爱经过胜间和代的手之后也变成了可以学会的东西,因为我从来没想过恋爱还能用理论与分析的手法解读清楚。虽然和我希望写的内容正好颠倒了180度,但从书里,我详细了解了让一个经济评论家剖析恋爱会是什么样子。

胜间:恋爱真的是我一直想写的一个题目,这次我感觉比以往任何时候都更有干劲也更投入。我充分运用了学术上的分析手法，当然也从自己的角度进行了分析，想着无论如何也要把它搞清楚。

恋爱从表面上看，好像尽是一些搞不懂的事情，但实际上也很有规律。要说恋爱的功效在哪里的话，那就是女人在怀孕分娩和养育孩子期间，希望男人来养活自己。这个时候需要的，首先就是男人具备的经济实力。

女人看男人时虽然嘴上说：“因为他的性格好”什么的，会说出一大堆的理由，但其实还是优先考虑对方的经济实力。当然了光看经济实力的话就太露骨了，所以为了让恋爱更加持久，会加进一些纯净的内容，而围绕这些内容人也一直是在潜意识中经过了计算的。

秋元：可要让我说的话，想搞清楚恋爱是怎么回事，这太了不起了啊！大家正因为搞不明白，所以才会陷进恋爱的无底泥沼之中不能自拔。

胜间：嗯……所以啊，我就是想一定要好好和您聊聊这方面的话题，所以今天才请您过来。

明白了恋爱是怎么回事后，就可以更加积极的心态生活下去

胜间：这本书是从“为什么需要恋爱的存在”这个提问开始着手写的，秋元先生也认为恋爱是一种不合理的东西吗?

秋元：那当然，不言而喻。都是因为人是动物的关系嘛，什么算计都不会有。后来人的大脑变聪明了学会了思考，才编出一大堆道理。也就是说，不存在什么"为什么要恋爱"、"恋爱是什么"之类的问题，而是"从一开始就先有的恋爱"。

胜间：就是说虽然不明白为什么，但两个人互相吸引了，事后大家给这种状态起了个名字叫做"恋爱"？

秋元：是这样。

胜间：可是，我在实际采访恋爱事例的过程中，发觉有很多事情都不合情理。把一对情侣很长时间内封闭在某种关系之中，这怎么看都太过勉强。

然而，一个孩子直到他靠自己的力量能生存下去时为止需要花上十几年的时间。为了给孩子的成长发育期提供保障，人们一直在摸索什么样的方法才是最好的，而摸索的结果就诞生了作为人类智慧结晶的恋爱与婚姻。

秋元：不对不对，恋爱这件事不是道理能说清楚的。我读到的是，总是在谈自己对所有的事情都心如明镜的胜间和代在书里写道："对不起，只有恋爱我也没搞明白"，是这样的一本书。所以我今天才到你这里来……

胜间：恋爱也是可以和谈经济那样用道理来讲的，并且我觉得也必须要讲啊。因为恋爱就是经济嘛。

大家谁都有过在恋爱中或成功或失败、人生被爱情的指挥棒搞得团团转的经历。这些地方也和经济是一样的啊。经济也是，不管你怎么去量化它，仍会有很多弄不懂的地方。大家都在为能想个什么办法搞懂它而努力。恋爱也是一样的道理，如果能稍微搞懂一些恋爱的规律，大家就可以更加积极地面向未来去经营自己的生活。我想反过来问秋元先生的是，您觉得恋爱有什么地方和经济不一样呢？

秋元：就是关于恋爱的统计数据是没有意义的，对吗？

胜间：那您觉得恋爱总保持这种“暗室”状态没有问题？

秋元：因为一百个人就有一百种不同的恋爱方式。

胜间：嗯……

恋爱是超越一切的终极行为

秋元：胜间，你虽然考虑问题时思路这么清晰，可现实中不也被不讲逻辑的感情所动在谈恋爱吗？

胜间：当然在谈啦。可现在和男人分手之后也能生活下去的女人，基本上都会选择和男人分手。研究恋爱和婚姻中怎样才能持久这方面规律的学者有很多，然而，越分析就越证明了一个重要的关键点是在如何“妥协”上。比如说两个人之间无法解决的问题尽量不要去触碰，即使有了共同的价值观之后也不要对对方的细节小事横加干涉，恋情总会消失，让恋情变成友情才是诀窍等等。

我最感兴趣的是，现在的发达国家里，男人在外挣钱养家，女人在家里带孩子这种生活模型已经彻底改变了，正在向男女一同工作、一同养育子女的方向发展着。

在这个过程中恋爱会发生怎样的变化，这是我关心的问题。

秋元：你说的好像和这一点关系都没有吧。

胜间：怎么会呢？

秋元：因为恋爱不是你想谈时就能谈的，不是有碰巧俩人撞上的事情吗？恋爱可不像“因为时代变成这个样子了，所以恋爱会变成什么样”那样，冷静思考就能怎么样的。

恋爱是超越一切的，如果你喜欢上了闺蜜的男朋友，觉得“还是没法做出背叛自己好友的事”而就此放弃，那就不叫恋爱了。不管被别人骂成“真不是东西”也好，“世上居然还有这样的事”也罢，你不得不坦诚直面自己的情感，那才是真正的恋爱。

胜间：就是说一帆风顺的恋爱是不行的？

秋元：那不会的啊，有走在球道正中央的恋爱，也有掉进深草丛中的恋情，我的意思是爱是没法选择的。

胜间：可是，一开始走在球道正中央，过了大约一年之后一般都不会掉进草丛吗？

秋元：有这样的事吗？

胜间：开始恋爱时，世界是姹紫嫣红的，但渐渐地越来越不对劲儿了，一年之后就变成了翻来覆去地吵了好，好了又吵的日子。那是因为……

秋元：那是因为胜间和代的爱情就是那样的对不对？

胜间：秋元的爱情有什么不一样吗？

秋元：我不会那么容易就腻歪的。

胜间：啊，怎么回事？

秋元：因为我交往的都是些充满魅力的女人。

胜间：是这么回事吗？我当时也认为对方非常有魅力啊……

考虑自己"背景"太多的男人超可疑

胜间：最近我弄明白了一件事，对于男人来说，有没有女人缘是一件非常重要的事情吧。

秋元：(对于众多的陌生异性来说)受不受人欢迎是没有意义的。自己喜欢的异性对自己感不感兴趣不才是重要的吗？

胜间：女人之间首先就不存在受不受人欢迎、互相攀比谁高谁低的事啊。

秋元：男人也是一样。让自己不感兴趣的五个女人对自己动了心，别人说你"那人可真有女人缘啊"这也是毫无意义的。

胜间：你的意思是不是说，当自己想要得到的女人出现时，会担心自己有没有得到她的资本？

秋元：是这个意思。

胜间：可是，说到女人，想想她们选择男人时的先后顺序，经济实力和地位绝对要比外表和脸长得怎么样要靠前。这也是遗传基因的威力。

秋元：那也不能一概而论嘛，不过可能感觉到这个女人喜欢自己的什么地方。女人的目光是冲自己来的还是冲自己的“背景”来的？比如家境富裕的阔少，创业公司的董事长什么的，“背景”越强大的人在选择女朋友时脑子里就越绷紧一根弦：这个女人的视线看的是些什么地方呢？

胜间：我对这种担心这担心那的男人表示超级怀疑。从女人的视角看会觉得“那有什么关系，背景也是你的‘魅力’的一个组成部分”。

秋元：所以说，男人更是浪漫主义者。

胜间：啊？

秋元：因为男人希望，即使自己彻底失败了，变得一无所有之后和一个女人相遇，也能听到这个女人对自己说“我想嫁给你”。

胜间：呃……这个……男人通常多大程度上相信这种事呢？

秋元：那和相信“我父亲没有外遇”的女人是差不多的比例吧？

胜间：我敢断定，有那样想法的女人十个人当中一个都没有。

秋元：这也正是胜间和代在恋爱方面失败的地方，不能那么武断。

胜间:可是,我大致是做过采访调查的啊。

秋元:你的调查,说起来就是对恋爱题材不适合的嘛。要是换了我,和自己谈过恋爱的女人本来就没有几个,我会回答:“我是这么想的”,而你却一下子说出“那样的事十个人中一个都没有”,那也太……

胜间:我也查了统计数据,统计数字也说明不了问题吗?

秋元:那是因为世上有各色各样的恋爱存在。

剧作家都写不出来的真实恋爱

秋元:今天不管说多少次我都要说,想要客观谈论恋爱是做不到的,因为只有当事人从自己的主观意识方面才能谈得出来。

比如我有这么一个朋友,有一段时间里他有多个女朋友。他和其中的一个女友一起外出之后,天气变得像是要下雨的样子。家里有搭在外面晾晒的浆洗衣物,可他回不去家,于是他把家里的钥匙交给了女友,托她把衣物收起来。

女友去他家,把晾晒的衣物收起来后正在叠放收拾,这时另一个女朋友走了进来,凑巧撞到了一起。第一个女朋友生气回家了。我的朋友回来以后,发现两个女友都不见了,而不知为什么屋子的地上到处撒着白砂糖。

胜间:白砂糖?

秋元：对，白砂糖。不明白什么意思吧？生气了用剪子把衣物咔嚓咔嚓剪碎之类的，这样的情景还可以想象，但那是白砂糖。

这样的故事即便是再棒的剧作家也写不出来，可这就是真实的恋爱中发生的。

胜间：这个故事里我感兴趣的是，那个男人把白砂糖怎么了？最后是分手了还是没分手呢？

秋元：他现在和撒砂糖的女人结了婚，生了三个孩子，生活很幸福。

胜间：这个故事是从男的那里听来的喽？

秋元：是的。

胜间：有多少真实的成分啊？

秋元：是真的，我和他老婆也都认识。我想说的是，人有时会做出一些逻辑上无法解释得通的事情。恋爱就是其中最具代表性的例子。在恋爱中寻求稳定感，试图发现一种“因为处于这样的阶段，所以应该这么做”之类的规律性的东西，都是徒劳，没用的。

恋爱是任何人一生中都必需的

胜间：性欲背后隐藏着人的生殖功能。

秋元：生殖功能反映了人作为动物的一种本能。

胜间：这里我总觉得有一点比较乱，就是说到男人的生殖功能，那不是要多少都有可能的吗？男人可以同时和好几个女人保持关系并让她们生孩子吧？可女人怀孕一次只能生一个男人的孩子。我想男女在对待恋爱的态度上的不同就是从这里开始的。

秋元：动物行为学家竹内美子女士写过，所有的生物都只不过是遗传基因的交通工具。男人总想出轨，是因为想到处去散播自己的遗传基因。

胜间：那么，女人不允许男人出轨，是因为她们想把男人的资源集中到自己的遗传基因里……

可是，恋爱对任何人来说都是人生必需的内容，就像吃饭一样，任何人在自己的一生中都是必须经历的过程。我本人很喜欢读美食向导一类的杂志，恋爱也一样，也应该有介绍恋爱详细内容的向导的东西。

秋元：我想那种对恋爱的分析，就好比说某个地方的饺子好吃时，对那个饺子的营养成分进行细致的分析，总结出那饺子里的韭菜因含有什么营养成分才这么好吃。我想知道的是饺子放到嘴里时的那种感觉，或饺子皮是不是有筋道的感觉。

胜间：我大概不会写饺子皮怎么个筋道法，可能根本写不出来。

秋元：啊？

胜间：饺子皮是不是筋道不亲口尝一尝是搞不懂的，我更感兴趣的是放了韭菜的饺子卖得好这个事实。那样一来的话，自己包饺子时就会想，是不是我也放点韭菜试试呢？附近有家饺子店开张时，我要不要尝尝韭菜馅儿的味道怎么样啊等等。

在恋爱面前，任何人都只有臣服

秋元：我懂了，那也就是说胜间和代准备什么时候谈恋爱的问题了。你觉得自己什么时候就是在恋爱了呢？

胜间：那不是满脑子里全都是对方的影子时吗？做所有事情的优先次序都变得指向他一个人的时候。

秋元：我就是想从胜间和代口中听到这样的话。

胜间：可是，人的头脑中的那种状态，在之后半年到一年的时间里就会被解除的。因为过度使用人脑资源是不能持久的。那应该就是“爱情降温”的状态了。

然而，比较理想的是，在降温之前两个人都能顺利找到自己的位置，将恋情变成一种平稳的关系发展下去。如果知道怎样才能更平稳地度过一开始的乱糟糟的半年时间，并能搞懂怎样确定最终着陆地点的方法，那双方肯定都会感到非常轻松。

比较困难的是，恋爱时，人总会喜欢上与自己不同、但又和自己有某些相同之处的人是吧？

秋元：明白你的意思。

胜间：其中，当恋爱如情似火时，双方对于与自己不同的地方会感到很高兴。然而，感情降温了之后，不一样的地方又会成为心烦的根源。

秋元:我认识的一个女的,她和男朋友好时说过"他没什么心术,这点我喜欢",后来说分手了,问怎么回事,她说"那个人没有上进心"。

胜间:这就是你从哪个方向看对方的问题了,是正面还是背面的问题。而我想要分析清楚的,是怎样才能阻止人们越来越想看清对方的背面隐藏着些什么的那种冲动。

秋元:所以我说没有那样的方法。

胜间:靠运气?

秋元:不是。

胜间:靠努力?

秋元:也不是,我是说运气和努力都不管用。在恋爱面前不管你是谁,都必须俯首称臣。因为你做不到想喜欢一个人就能喜欢,也做不到想讨厌一个人就能讨厌。

有时当一个人出现在你面前,周围的人都在说"这个人条件这么好,为什么就不行"时,你可能会觉得就要和一个无可救药的好色男好,非他莫属。有这样的事吧?

因为想谈一场美好的恋爱,所以要"系统化"

胜间:难的是有关人气的话题,对方不见得就能喜欢上自己,对吧?

秋元:那的确是最难的地方。

胜间:或说,对于喜欢上自己的人,自己也不一定能做到喜欢。

秋元：对，那也很难。所以就像我刚才一直在说的，那是一点辙都没有的事情。我是那么喜欢那个人，但就是走不到一起。可有时却会被一个自己一点都不喜欢的人喜欢。所以说大家都不容易。

胜间：确实，要说恋爱成功的几率的话，恐怕会很低。

自己要喜欢对方，对方也必须喜欢自己。我会想这里面到底概率有多大。

秋元：那种模模糊糊不可捉摸的感觉很有意思吧？

胜间：我这么说的话可能又会触怒某些人，英国有一个心理学家说，人的大脑功能可以分成两大块，一块叫"系统化"，另一块叫"共鸣"。

系统化和把握空间能力之类的事情有关，男人这方面有优势。共鸣是理解别人心情的能力，和语言能力联系在一起，一般认为女人比较擅长。可是，系统化能力强的人共鸣能力就差，共鸣能力强的人系统化能力就差，这两项加起来的和，所有人都差不多是一样的。

像我这样喜欢输入型的人，或许从一开始就对共鸣不感兴趣。如果说没有共鸣就不叫恋爱的话，那或许可以说我对恋爱就是没有兴趣的。但即便是这样，我还是希望自己能有美好的恋爱，所以一直在想办法把恋爱系统化。

秋元：那办不到。

胜间：可是，有很多专门研究恋爱的学者。

秋元：你说那样的人，他们在恋爱中取得成功了吗？

没听说过“那家伙,身边总有优雅的美女,真不愧是有名的恋爱学者”的事情吧?

胜间:至少在修复婚姻关系方面相当成功。他们对关系即将破裂的夫妇提供心理咨询服务,专家的分析意见对于维持婚姻关系起着极其重要的作用。

恋爱经济学和胜间都够厉害的

秋元:简单说就是外激素。真的就有一类从幼儿园时期就开始性感的男孩子。虽然用语言没法解释,但就是感觉哪里很性感。比如在水龙头下面喝水时,觉得他的侧脸说不出有多性感,就是那种感觉。

胜间:我觉得有外激素当然再好不过了,可我肯定是不怎么感应的一类人吧。别人跟我说“那人好帅啊”,我好多次都想“是吗?”

秋元:胜间也许不一样,可对多数人来外激素据说算是最威力无比的了。

费洛蒙这东西是不需要理由的,那个人怎么就有人气呢? 没有道理之处才是费洛蒙。

很久以前,CHECKERS 全盛期时我曾带他们去过伦敦。伦敦女孩没人知道 CHECKERS。我问她们喜欢其中的哪一个? 我以为伦敦女孩嘛,一定会喜欢组合中个子高长得又帅的,可她们都说藤井郁弥好。

所以,我觉得恋爱和战略之类的东西是完全不可协调的一对矛盾。社会上出了很多好的汇报方法之类的书，但如果一个项目的策划可以由演示汇报的方法好坏来决定的话，那策划的水平就可想而知了。做汇报的人即使是个不会表达的笨手笨脚的家伙，可如果仍然让人感到“哇！有点意思”，那才是有力度的好策划。

胜间：恋爱确实是不合理的，但我想，即便是不理解的东西，最不该做的还是武断和拍脑袋。这一点从秋元先生的角度是看不到的，不是吗？命中注定的相遇什么的纯属瞎说，因为你必须从现有的范围里进行选择。

秋元：胜间，你不会想让男友带自己去这样那样的地方，或想象要是被他搂住该怎么办，不会想这些的对吗？

胜间：比起那些个事来，我会想我以后该怎么生活才能活得更好，现在我处于恋爱的什么阶段，下一步会发展成什么样子，这个地方我以前没仔细计划过，这回要好好学习一下，我还是对这些东西比较感兴趣。

秋元：你的心情我理解，可我觉得把胜间当作恋爱对象的男人会比较苦的，会老想她怎么总是这么客观啊？

胜间：那样的人会理解我是这样的一个人，对吗？

秋元：恋爱经济学和胜间和代都够厉害的啊！

结　语

结 语

大家读过这本书觉得怎么样？秋元康先生喜欢用很多辞藻来表现爱情，而我在这本书里采用了与他完全不同的视角，对恋爱进行了分析和解读。

我一直觉得所谓恋爱是一种极度的奢侈品。为什么在经济学当中要把所有的东西都换算成金钱呢？因为将价值的尺度换算为金钱之后，各种各样的事物就都可以比较它们的价值了。而且，在恋爱问题上，投入多少金钱也在所不惜的人也应该不在少数。给单相思的对象或恋人送圣诞礼物或生日礼物的情况当然自不必说，而在夜店酒吧或结婚诈骗之类的场合发生的情况，基本上也都是出自同样的原理。因为它们都试图用金钱去购买原本用钱无法买到的东西。

可是，恋爱幸福的原理是你越追逐对方，越执著于对方，对方却越容易跑掉。并且，越执着，就越有被性质恶劣的对象欺骗的可能性。恋爱在某种意义上说就像发烧一样。眼前出现的（或许本来是演技）理想对象，就像自己最喜欢吃的美食摆在了面前，从某种意义上说，本能地一口咬上去，或许就是一件无可奈何的事情。

即便如此，您读过这本书之后，如果对您理解现在自己是正在谈着美好的恋爱还是正在陷进相互依存的恋爱之中这些事起到有益的作用,我会感到很高兴。

我并不否认有关恋爱的魔咒的力量,并且一向认为为爱牺牲一切、一心追求爱情的选择也是一个人的自由。但是,就像一个好的减肥计划是植根于长期持久的生活习惯,所以才能有效防止体重的反弹一样,在两人的恋爱关系方面,首先要对恋爱有正确的理解,同时又要和对方共同构建长期持久的互信关系,我想这样才能给每个人以及社会都带来幸福 。

我想,让自己恋爱幸福的最好方法只有一个,那就是接受真实的自我,不贬低自己,称赞自己和爱自己。也就是说要爱一个原原本本的自己。

相互依存关系的人掌控对方的常用手段,是对对方说“你真是个没用的家伙,但也只有我才会爱着像你这样没用的家伙”,通过这种手法,给对方套上一把“贬低栓牢之锁”。

这种“锁”说到底是虚幻的,不真实的。可是,对于那些在自幼环境中曾经被父母兄弟、老师或朋友套上过这样枷锁的人来说,就很容易误以为那“锁”便是“爱情”和“恋爱”。而且,更糟糕的是,被套上了“锁”的本人甚至认为那就是恋爱。

我们每个人在生活中都必须“自立”。这就需要我们不在自己之外寻求不断赞美你的人。还有就是,不要被一直对你说需要你的人所欺骗。一直说需要你的人,没准并不是真的需要你。很多时候他(她)需要的是你能给予他(她)的金钱、劳动力、顺从,以及并非真实的爱情。

健全的恋爱是建立在"I am OK.""You are OK."的关系之上。没必要过度贬低对方,也没必要过度赞美对方。并且,没必要按自己的喜好将对方改变成符合自己标准的人,也没必要去迎合对方的口味去刻意改变自己。

从这个意义上我们就可以发现,原来充斥在社会上的各种各样的情歌或情诗,实际上很多都是歌颂爱情中"相互依存"的关系,所以才有了"我的眼里只有你"、"我只有一个你"、"为了你而改变"或"只有你才是我的依靠"之类的词曲。

如果我们把相互依附的恋爱称为小学生水平的恋爱的话,那么因为我们已经不再是小学生,就应该向成年人的恋爱过渡。

说到我们在什么时候才能感觉到幸福,那就是我们在无意识中感受到的和有意识地去做的事情之间没有区别时。或者说,当你最大限度地发挥出了自己的能力,想自己做些什么时,不需要担心"这样会不会破坏对方的情绪"或"做这样的事会不会惹对方生气"。

真正的恋爱是,不害怕对方,不会对自己的未来感到不安,能真诚坦率地表达自己的想法,在此基础之上,和不会伤害自己人格的人一起生活。

特别是,越是对自己有自信的女人或男人,就越容易被对方高超的演技和自信满满的态度或言语所欺骗。对你来说，真正重要的看透一个人的方法，在于如何识破对方的演技，以及怎样揭穿对方的谎言。

对周围的人撒谎的人，也一样会对你撒谎，那种人甚至对自己也会撒谎。在生活中表里不一的人，对你也会表里不一。

有内外之分的人，也许某一天也会把你从内部赶到外部。或说，留在内部不知需要背负怎样沉重的负担。

到此为止，在某种意义上，我在这本《恋爱经济学》中提出的很多观点，也许都是淡漠严肃、毫无修饰的大白话。但即使冷静分析到这个程度，包括我本人在内，该陷进不真实恋爱之中的人也还是会陷进去。

是的，能让你的恋爱经久不衰的要领只有下面三条：

- 不演戏，对自己坦率真实
- 决不奉承对方
- 与能自然接受真实的你的人恋爱

恋爱的目的不在于与对方成为恋人关系，而在于与对方成为恋人关系之后，如何愉快保持这种关系，怎样用两个人的双手好好经营人生的幸福。因此，陷入错误的恋情之中，对于我们的身心健康两方面都有侵蚀作用。

反过来说，如果你拥有了宝贵的人生伴侣，那么你的人生比起独自一人行走，定会变得无比光辉，无比快乐。

即便在那样的时刻里，也不要两个人紧紧贴靠在一起，互相搀扶着谁都离不开谁，而是要坚定地朝着同一个方向，用两个人自己的双脚一边行走，一边互相鼓励，互相坦率地交换意见，需要时互相帮扶，互敬互爱。我们大家都要向着这样一种恋爱关系而努力。

我在上一本《学习之旅》中介绍了在澳大利亚艾尔斯巨石旁见到的一对结婚40周年环游世界的德国夫妇。在此，我想再次借用这对幸福老夫妇说过的话，作为这本《恋爱经济学》的结语。

“夫妻和睦、天长地久的秘诀便是平等。还有就是经常进行沟通交流。”

如果通过读这本书，使更多读者能寻觅到最佳伴侣，共同携手人生的话，那么对我来说就没有比这更开心的事情了。

最后，我想对此书的策划人、扶桑公司的小川亚矢子女士，以及从另外的角度为本书提供支持、在访谈中为我提供了多方面批判性意见的秋元康先生，负责本书几乎所有装订任务的石间淳先生，负责装帧和插图的 MITUSMI MARI 女士，还有总为我拍摄精美照片的川上尚见先生，表示最衷心的感谢。

希望有更多的人读完这本书后，能振作起精神，去面对恋爱的挑战。